DOCES VENENOS

LIDIA
ROSENBERG
ARATANGY

DOCES
VENENOS

CONVERSAS E
DESCONVERSAS
SOBRE DROGAS

EDITORA MELHORAMENTOS

ARATANGY, LIDIA ROSENBERG
 DOCES VENENOS: CONVERSAS E DESCONVERSAS SOBRE
 DROGAS / LIDIA ROSENBERG ARATANGY. SÃO PAULO:
 EDITORA MELHORAMENTOS, 2015.

 ISBN 978-85-06-07899-0

 1. PSICOLOGIA DO COMPORTAMENTO. 2. ADOLESCENTES –
 DROGAS. 3. TOXICOLOGIA. I. TÍTULO.

 15/025   CDD 150

ÍNDICES PARA CATÁLOGO SISTEMÁTICO:
1. PSICOLOGIA   150
2. PSICOLOGIA DO COMPORTAMENTO   150.194
3. PSICOLOGIA DO ADOLESCENTE   155.5
4. DROGAS – PSICOLOGIA E TERAPIA   362.2
5. DEPENDÊNCIA – DROGAS – TOXICOLOGIA   613.8

OBRA CONFORME O ACORDO ORTOGRÁFICO DA LÍNGUA PORTUGUESA DE 1990

© 1991, 2015 LIDIA ROSENBERG ARATANGY
© 2015 EDITORA MELHORAMENTOS LTDA. TODOS OS DIREITOS RESERVADOS.
EDIÇÃO REVISTA E AMPLIADA.

PROJETO GRÁFICO DE CAPA MARCELO MARTINEZ I LABORATÓRIO SECRETO
PROJETO GRÁFICO ANDREIA FREIRE DE ALMEIDA
DIAGRAMAÇÃO ESTÚDIO BOGARI
FOTO DA AUTORA UCHA ARATANGY

1ª EDIÇÃO, 3ª IMPRESSÃO, DEZEMBRO DE 2021
ISBN 978-85-06-07899-0

ATENDIMENTO AO CONSUMIDOR:
CAIXA POSTAL 729 – CEP 01031-970
SÃO PAULO – SP – BRASIL
TEL.: (11) 3874-0880
SAC@MELHORAMENTOS.COM.BR
WWW.EDITORAMELHORAMENTOS.COM.BR

IMPRESSO NO BRASIL

A pedido da Porota, cuja luz,
como a de extintas estrelas distantes,
ainda brilha, indicando caminhos.

O Binômio de Newton é tão belo como a Vênus de Milo.
O que há é pouca gente para dar por isso.

FERNANDO PESSOA

SOBRE A AUTORA

Terapeuta de casais e de famílias e autora de livros adotados em várias escolas, Lidia Rosenberg Aratangy ministra palestras e cursos para adolescentes, pais e professores de diferentes regiões em escolas públicas e particulares da capital e do interior de São Paulo e de outros estados e em congressos de Educação e Psicologia.

Bacharel em Psicologia pela Universidade de São Paulo (USP) e psicóloga pela Pontifícia Universidade Católica de São Paulo (PUC-SP), da qual foi professora titular de Genética Humana e Psicobiologia até se aposentar e cuja Faculdade de Psicologia dirigiu de 1981 a 1985.

Bacharel em Biologia com pós-graduação em Bioestatística e em Genética Médica.

Representante da comunidade acadêmico-científica junto ao Conselho Estadual de Entorpecentes de 1995 até 2000.

Autora de mais de dez livros sobre relacionamento familiar e orientação sexual, entre eles: *Olho no Olho – Orientação sexual para pais e mestres* (1992), *Tesouros da Juventude* (1993), *O Amor Tem Mil Caras* (1994), *Sexualidade – A difícil arte do encontro* (1998), *SOS Amor* (2015).

SUMÁRIO

PARTE 1
PAIS, FILHOS E DESCONVERSAS _ 10
1. SOBRE ROCAS E FUSOS _ 11

2. QUEM MATOU ESSA MENINA? _ 15

3. QUEM TEM MEDO DE CARA FEIA? _ 20

4. CONVERSA DE SURDOS _ 24

PARTE 2
DELÍRIOS, ALUCINAÇÕES E OUTROS BARATOS _ 29
5. DA TOPADA AO GRITO _ 30

6. ESTADO DE ESPÍRITO SOB ENCOMENDA _ 35

7. O TELEFONE É UM ALUCINÓGENO? _ 38

8. TRANQUILIZANTE TRANQUILIZA? _ 42

9. NOVELA É VÍCIO? _ 48

PARTE 3

OS DOCES VENENOS, UM A UM _ 52

10. TABACO – UMA QUESTÃO DE LIBERDADE _ 53

11. TABACO, AINDA – QUEM USA CINTO DE SEGURANÇA? _ 58

12. ENTRA O ÁLCOOL, SAI A VERDADE? _ 64

13. MACONHA – A CONTESTAÇÃO ENQUADRADA _ 80

14. COCAÍNA – A DROGA PRODUTIVA _ 94

15. CRACK – UMA PEDRA NO CAMINHO _ 108

16. ANFETAMINAS – O REMÉDIO DA BRIGA _ 115

17. NARCÓTICOS – A ENCRENCA COMPRADA EM FARMÁCIAS _ 123

18. TRANQUILIZANTES – CHEGA DE LÁGRIMAS _ 134

19. BENZODIAZEPÍNICOS – O QUE É MAIS FORTE DO QUE A MORTE? _ 142

20. LSD – LUCY IN THE SKY WITH DIAMONDS _ 148

21. ECSTASY, SANTO DAIME & CIA. – ACEITA UM CHAZINHO? _ 157

22. LANÇA-PERFUME, COLA DE SAPATEIRO – O CHEIRO QUE DÁ BARATO _167

PARTE 4

FIM DE PAPO. OU RECOMEÇO? _ 173

23. O PIPOQUEIRO E O MORDOMO _ 174

24. SOCORRO!!! _ 184

25. A MENINA DOS FÓSFOROS _ 189

ONDE ENCONTRAR

ÍNDICE REMISSIVO _ 192

1

PAIS, FILHOS E DESCONVERSAS

1. SOBRE ROCAS E FUSOS

ESTOU ESCREVENDO ESTE LIVRO por causa da Bela Adormecida. Para mim, essa é uma história em que a tragédia acontece porque os pais da princesinha teimavam em acreditar que deveriam afastar todo o mal para longe da menina. Mais ainda: estavam convencidos de ter poderes para isso. O pior é que eles viviam repetindo a mesma bobagem, como se não fossem capazes de aprender com a própria experiência.

Pois veja: para o batizado da menina, deixaram de convidar a velha bruxa, porque ela era feia e malvada e eles achavam que a feiura e a maldade não podiam fazer parte da festa. Mas, como esses atributos fazem parte da vida, a bruxa invadiu o palácio mesmo sem convite. E, para vingar a afronta recebida, lançou uma maldição sobre a criança.

Não seria melhor ter convidado logo a malvada e dado a ela uma porção de coisas boas de comer e de beber, para aplacar seu mau gênio? Não seria mil vezes preferível tê-la como hóspede a tê-la como inimiga?

Mas a bem-intencionada ingenuidade dos pais foi ainda

mais longe. Ao ouvir da bruxa que a princesinha, aos 15 anos, iria ferir-se gravemente com o fuso de uma roca de fiar, o que fez o pai? Mandou banir do reino inteiro todas as rocas de fiar. Como se algum pai, por mais rei e poderoso que fosse, tivesse o poder de afastar dos filhos todos os objetos (e sujeitos...) capazes de feri-los, de lhes fazer mal. Ainda mais aos 15 anos.

O que aconteceu, então? Tinha sobrado uma roca com seu fuso, no alto de uma antiga torre onde vivia uma fiandeira, solitária e isolada. Casualmente, a princesa chegou à torre e, ao se deparar pela primeira vez com aquele estranho objeto, ficou curiosa, pegou nele de mau jeito e furou o dedo. Conforme, aliás, todo mundo já sabia, havia muito tempo, que iria acontecer.

Não teria sido mais sábio o rei se tivesse alertado a menina para o perigo que aqueles objetos representavam para ela e ensinado sua filha a se defender, a lidar com rocas e fusos de um jeito menos arriscado, em vez de tentar negar a existência de rocas e fusos? Talvez, se soubesse do risco que corria, a princesa tivesse sido mais cuidadosa e até poderia ter evitado o acidente.

Então.

Eu acho que muitos pais e mães de hoje continuam a se comportar do mesmo jeito que os pais da Bela Adormecida, como se não tivessem entendido a história. Daí achei melhor escrever este livro.

. . .

– Você escreve mesmo de um jeito bonito, gostoso de ler.

É minha filha, lendo por cima do meu ombro, na tela do meu computador. Começo a formular uma resposta modesta, do tipo "que nada, são seus bons olhos de filha". Sem me dar tempo de responder, ela continua:

– Mas não sei se alguém vai entender...

– Como assim, se alguém vai entender? Não usei nenhuma palavra pernóstica, falei como todo mundo fala, com expressões corriqueiras, de todo dia. Qual é?

– Ora, mãe, você acha que alguém no mundo fala essa sua língua, toda poética, toda simbólica? Todo mundo pode achar muito lindo, muito emocionante, mas duvido que as pessoas entendam o que você quer dizer com cada uma dessas imagens.

– Por exemplo, o quê?

– Por exemplo, tudo. Que conversa é essa de que os pais da princesa, em vez de achar que a feiura e a maldade não podiam fazer parte da festa, deviam ter convidado a bruxa e dado comida e bebida para ela? O que você quer dizer com "seria mil vezes preferível tê-la como hóspede a tê-la como inimiga"? Será que você acredita mesmo que o melhor a fazer é convidar o traficante de drogas para comer uma pizza e tomar umas cervejas na casa da gente e que assim ele fica bonzinho e passa a vender pipoca e algodão-doce, e não maconha, para as criancinhas?

– É claro que não! Não estou falando literalmente de nenhum traficante de drogas nem de servir salgadinhos pra quem quer que seja. É um modo de dizer que, em vez de fingir que o mal não existe e nunca falar de assuntos tristes e sombrios, como drogas, doenças e abortos, seria melhor conversar abertamente sobre tudo isso sempre que possível. Seria preferível ter essas bruxas como hospedadas em casa, fazendo parte do dia a dia da família. Daí elas se tornariam assunto de conversa e aumentaria a possibilidade de encontro e comunicação entre as pessoas.

– Que pessoas?

– Das pessoas da família, ora: pais e filhos, irmãos e irmãs, marido e mulher. É isso que eu estou querendo dizer.

– Então por que não diz?

– Vai me dizer que você não entendeu também o significado da imagem da princesa pegando no fuso de mau jeito e se machucando? Não dá para entender do que é que estou falando?

– Aí tudo bem, acho que está mais claro. Claro demais, até. Você quer dizer que, se os pais alertassem os filhos para o perigo que as drogas representam, a gente estaria mais preparada para lidar com esse risco, em vez de ficar morrendo de curiosidade diante de qualquer novidade e daí sair experimentando adoidado.

– Então alguém vai entender alguma coisa. Já é alguma coisa.

– Só que isso não vale só para as drogas. O mesmo podia ser dito para o sexo, para as doenças, para um monte de encrencas.

– É por isso que eu gosto da linguagem poética. Em vez de ficar repetindo a mesma conversa para cada uma dessas situações, a poesia diz de um jeito que engloba todas elas. Inclusive algumas em que a gente nem pensou, mas o leitor pensa.

– O mais engraçado é que o seu leitor é a princesa, que até hoje continua sem saber lidar com o que pode acontecer com ela.

– Mais ou menos. Basta que ela assista ao noticiário da TV para conhecer as artimanhas das bruxas de hoje.

– Não, mãe. A princesa nunca acha que é dela que o jornal está falando. Ela continua sem saber e por isso ainda cai dos cavalos e despenca de janelas.

– E se sugerirmos à princesa que empreste o livro aos pais? Quem sabe eles se interessem e entendam a indireta...

2. QUEM MATOU ESSA MENINA?

NUM FIM DE TARDE de uma terça-feira, seis adolescentes reuniram-se num apartamento desocupado que pertencia ao pai de um deles. Beberam alguns copos de cerveja, enquanto fumavam maconha. Três dos adolescentes deixaram o apartamento logo depois: pressionados pela larica, foram comer sanduíches na lanchonete mais próxima.

M., no entanto, não foi com eles, pois não estava para lanches. Sentiu-se mal, vomitou, sentou-se no parapeito da janela para tomar ar. Com a tontura, desequilibrou-se e caiu. O apartamento ficava no nono andar, e a menina teve morte instantânea.

Escolha a que mais lhe agrada

Na sua opinião, qual, entre as conclusões a seguir, é a mais válida?

a) Foi um acidente, como ser atropelado ao atravessar a rua. Qualquer um pode cair ao se sentar no parapeito de uma janela. Ninguém é culpado numa fatalidade dessas.

b) Mais uma vítima dessa praga que assola a juventude de hoje. Se não tivesse fumado maconha, nada disso aconteceria. É preciso descobrir quem, no grupo, trouxe a droga e condená-lo por tráfico de entorpecentes.

c) A vida não vale nada, é uma porcaria mesmo, a gente tem de aproveitar tudo o que pode. Morreu, fim. De qualquer maneira ia acabar morrendo. É melhor morrer assim, de repente, do que de câncer, sofrendo anos numa cama.

d) Morreu porque o apartamento ficava no nono andar. Se tivesse caído de uma janela no térreo, não teria acontecido nada de tão terrível. A culpa é de quem escolheu um apartamento tão longe do chão.

e) Essa história está mal contada. É claro que ainda vão descobrir que tinha drogas muito mais pesadas e gente muito mais cabeluda envolvida nesse melê. Não se pode mesmo acreditar nos jornais.

Se você acha que essa história e essas conclusões parecem absurdas, saiba que eu não inventei nada, nadinha mesmo, nem as opções, que parecem mais malucas que a própria história. O episódio é verdadeiro, conforme relatos de testemunhas (entre eles, os outros membros da turma) publicados na época (agosto de 1990) em todos os jornais do país. E eu ouvi, com meus estarrecidos ouvidos, todas essas interpretações e avaliações de culpas.

Além de especialmente trágica, a história de M. nos perturba porque essa menina não é nenhum ídolo da música pop, nunca foi capa de revista nem morava num subúrbio violento do Rio de Janeiro ou de São Paulo.

Ela era apenas uma de nós. Podia ser minha filha ou minha irmã mais nova, podia ser sua namorada ou sua melhor amiga. Podia muito bem ter se sentado à mesa ao lado da sua, numa lanchonete, ou ter estado numa festa para a qual você tenha sido convidado.

E não se tratava de nenhuma suruba num motel cinco estrelas, onde muitas vezes correm soltas drogas da pesada. Era apenas um grupo de amigos fumando um baseado enquanto batiam papo num apartamento de um bairro inocentíssimo em plena luz do dia de uma tarde de inverno. Nem ao menos estavam bêbados: beberam apenas cerveja e, segundo algumas versões, alguns nem tinham bebido.

Nem verdade verdadeira nem mentira deslavada

Nenhuma das alternativas apresentadas é inteiramente verdadeira e nenhuma é inteiramente falsa. Todas têm alguma verdade e todas têm, também, alguma mentira.

É verdade que ser atropelado é algo que pode acontecer a qualquer pessoa. Mas se você estiver bêbado ao atravessar uma rua tem maior probabilidade de ir parar debaixo de um carro.

E também não faz sentido colocar a culpa em quem arranjou a droga e forçar a mão para fazer dessa pessoa a grande vilã da história. Um adolescente que traz um pouco de maconha para fumar com os amigos não pode ser confundido com um traficante de drogas que vive do vício dos outros.

Também é verdade que qualquer um pode cair da janela, mas é inegável que são perigosamente mais lentos e menos precisos os reflexos de uma pessoa cujo estado de consciência esteja alterado.

Avaliar quanto cada uma dessas afirmações está mais perto ou mais longe da realidade não tem muita utilidade, mas é importante assinalar que todas têm um intenso colorido emocional, cada uma de uma tonalidade, de tal modo que quase se pode adivinhar a idade e o tipo de cabeça de quem disse essas frases.

Essa irracionalidade é típica do pantanoso território que é a questão das drogas. Sobre esse assunto controvertido, ninguém é neutro, ninguém é inteiramente lógico, porque o tema nos remete para o fundo de nós mesmos, para os nossos fascínios, para os nossos medos. Para tudo aquilo que, ao mesmo tempo, assusta e atrai.

Esse tema nos faz penetrar no misterioso universo da sedução.

Vocês sabem: o que torna um abismo perigoso é que ele parece abrigar um mistério que provoca uma vontade irresistível de desvendar.

Mesmo que a gente saiba que corre o maior perigo de se esborrachar lá embaixo.

• • •

– *"Larica", mãe? Assim, na caradura? Não põe nem aspas? Acho que essa palavra nem existe nos dicionários.*

– *Claro que existe! Antes significava fome, simplesmente. Agora faz parte do vocabulário de todo mundo que conhece maconha, designando especificamente o surto de fome provocado por ela. Ficaria mais complicado falar da "sensação incontrolável de fome que surge após fumar maconha". Larica, pronto: é assim que se chama.*

– *É... larica ou loba. Mas acho que "incontrolável" é exagero.*

– *Sabida, você. Muito em dia com o vocabulário maconhístico. Talvez um pouco demais para o meu gosto.*

– *Pode ser, mas quem usou a palavra foi você.*

Embatuquei.

– *Por que não usou o nome da menina? Se a história é verdadeira, se esteve mesmo em todos os jornais, por que essa coisa antipática de usar só a inicial?*

– *Um livro dura mais do que um jornal. Daqui a algum tempo só os pais, irmãos e amigos da M. vão se lembrar dessa história. E não creio que eles gostariam de ver esse episódio registrado para sempre.*

– *O pior é que essa história triste demais, verdadeira demais, só foi parar nos jornais porque aconteceu no século passado. Se fosse hoje, nem seria notícia... Ainda me parece muito desproporcional o que eles fizeram e o que aconteceu com eles!*

– *E é mesmo. Só que a vida faz desses absurdos; não tem nada de justa. Uma distraçãozinha de nada, assim à toa, pode provocar um acidente fatal. Um pequeno descuido e se instala uma gravidez inteirinha, com filhos e netos e sabe-se lá o que mais. Não, minha filha, a vida não é justa.*

– *Mãe, não gosto nem um pouco quando você fica assim, com esse olhão parado, como se tivesse lurgado a cara aí e ido embora para um lugar aonde ninguém mais consegue chegar.*

– *É, eu sei. Também não gosto.*

E fiquei um tempão assim, com os olhos bem abertos e parados, olhando só para dentro. Para lembranças que ninguém mais estava vendo, das quais não dava nenhuma vontade de falar. Nenhuma mesmo.

3. QUEM TEM MEDO
DE CARA FEIA?

NO COMEÇO DOS ANOS 1960, um filme de vampiros eletrizou as plateias do mundo inteiro. Era uma história de terror conhecidíssima – sobre ela já tinham sido produzidos livros, revistas e filmes nas mais diferentes e bizarras versões.

Mas nenhuma outra obra tinha provocado tamanha sensação como *Vampiro da Noite,* produzido pela Hammer, com Christopher Lee no papel do Conde Drácula. Até hoje, mesmo com os monstros terríveis que a tecnologia é capaz de criar no cinema e na televisão, o filme provoca arrepios quando passa em mostras de cinema ou nas madrugadas na TV.

O que há de diferente nesse filme?

A história é a mesma de sempre: à meia-noite o Conde se transforma em vampiro e suga o sangue de suas vítimas, e isso faz com que elas virem vampiros depois da morte. E então a mocinha e o mocinho chegam ao castelo para desvendar as inúmeras mortes misteriosas que aconteceram ali. E é claro que o Drácula tenta acabar com os dois, como já tinha feito com tantos outros. Mas dessa vez o mocinho é mais esperto do que os outros e a mocinha é muito mais bonita. E a gente já sabe que tudo vai terminar bem, como de fato termina.

Então, qual a novidade? Por que esse filme causou tamanho impacto?

A novidade não estava bem na tela; ela estava na plateia, no que acontecia dentro das pessoas. A grande diferença estava no que a gente *sentia* vendo o filme. Pois aquele Conde Drácula, ao contrário de todos os outros que o tinham precedido, era um homem encantador. Quase bonito.

Isso se descartarmos as assustadoras presas de vampiro, naturalmente. Mas as presas só apareciam quando o Conde arreganhava os lábios para morder sua vítima. Até esse momento, nada fazia supor o perigo que ele representava.

E todo mundo ficava muito mais assustado, porque sentia a força de sedução do personagem. Porque ninguém conseguia acreditar que aquele homem – tão atraente, tão apaixonante, com aquela máscula sombra azul que indicava barba forte e cerrada (o sinal máximo de encanto, nos anos de 1960); enfim, um príncipe misterioso, pelo qual todos suspirávamos – tivesse caninos tão afiados.

Dá pra imaginar algo mais sinistro?

A gente pode até achar graça dos filmes que mostram aqueles monstros de olhos esbugalhados e pele nojenta, com remela escorrendo do nariz, porque sabe que, se encontrar um desses por aí, vai passar longe. Mas quem sabe o que pode acontecer quando o perigo está num homem lindo de morrer ou numa loira com ar inocente e desprotegido?

Quem garante que a gente não vai querer chegar um pouco mais perto, só pra ver melhor?

O Conde Drácula de Christopher Lee fazia com que puséssemos em dúvida se valia mesmo a pena resistir ao mal. Todos nós estávamos de certa forma apaixonados por ele. E, apesar de saber muito bem o perigo que ele representava, não estávamos seguros de que fugiríamos se o encontrássemos num lugar ermo na noite escura.

Por isso vivíamos assustados, com medo de que isso pudesse acontecer e de que não fôssemos capazes de resistir.

Embora não o confessemos, cada um de nós sabe que não é uma só pessoa e que existem dentro de nós vários personagens diferentes. E esses personagens nem sempre estão todos de acordo quando se toma uma decisão importante, como fazer regime, parar de fumar ou fugir de vampiros. É como se múltiplos personagens estivessem abrigados dentro de um só corpo, atendendo por um único nome, como Maria, Paulo, Fernando. Na verdade, deveria ser tudo no plural: Marias, Paulos, Fernandos. Bem fazia o poeta de se chamar Vinicius de Moraes, assim, bem plural.

É por causa dessa pluralidade que não podemos contar com a tal "força de vontade": somos atravessados por inúmeras forças, derivadas de diferentes vontades, cuja resultante nem sempre é a que gostaríamos que fosse. Nem sempre conseguimos evitar as comidas que nos fazem mal nem parar de fumar ou fugir de vampiros.

E, por sermos plurais, nos sentimos impelidos a viver experiências que têm o poder de nos pôr em contato com diferentes facetas de nós mesmos, como se quebrassem a armadura que nos faz parecer um só. Como a poção maligna faz com o doutor Jekyll e o senhor Hyde, de *O Médico e o Monstro*, ou os raios gama fazem com o professor Banner e o esverdeado Hulk. Ou, então, como fazem conosco as paixões (ou as drogas), que mobilizam, em cada um de nós, os diferentes personagens que nos habitam.

DOCES VENENOS

· · ·

Dessa vez foi a Filha quem ficou ali, quieta, com o olhar paradinho, com pensamentos insondáveis.

– *Como é, filha? Gostou deste? Ou também é dos tais textos que ninguém entende?*

– *Não, este dá pra entender direitinho. Está bem clara a comparação entre a tentação da droga e a sedução do vampiro. E também essa ideia de que há nas drogas um perigo escondido, que só aparece quando é tarde demais: como os dentões do vampiro, que aparecem quando a mocinha já está perdidamente apaixonada, suspirando nos braços dele. Tudo isso está bem claro, apesar da linguagem poética.*

– *Então, o que há? Por que você está me olhando com essa cara?*

– *Estou pensando que, nos filmes de hoje, os vampiros e lobisomens são os galãs mais lindos e sedutores. Até as presas parecem atraentes. Acho que deles ninguém quer fugir mesmo. Ao contrário, parece que a moçada adoraria levar uma mordida e virar um desses monstros tão pouco monstruosos.*

– *Talvez por isso eles sejam ainda mais perigosos.*

– *Mãe, acho que você está fugindo do assunto, desconversando mesmo! Até agora você não falou nada direto sobre drogas. Parece que você está fazendo com o seu leitor o mesmo jogo de sedução que o Conde Drácula faz com as vítimas dele. Você fala de assuntos que parecem não ter nada a ver com o problema, assim de mansinho, para enredar o leitor inocente, que vai lendo, gostando, sem se dar conta do que acontece, sem nem perceber no que está se metendo. Mas daí, quando ele estiver bem entregue, bem confiante, você vai mostrar os dentes e dar o bote... Nhac!*

– *Pode ser. Eu sempre digo que mingau quente a gente toma pelas beiradas.*

4. CONVERSA DE SURDOS

OUTRO DIA EU ESTAVA no maior trânsito, dirigindo meu velho Mercedes, de mais de 20 anos de idade, que de raro em raro me cria algum problema, principalmente quando estou muito ocupada e me esqueço de pôr gasolina (na verdade não é bem que eu esqueço, é que sempre tenho a esperança de que o carro ainda vai aprender a andar mais um pouquinho, já que é meu amigo e sabe que estou com pressa, ou então fico me convencendo de que naquele caminho só tem descida, de modo que vai dar pra chegar até minha casa, ou até o consultório, ou à casa da tia... nunca dá).

Então, acabou a gasolina de repente, no meio do maior engarrafamento. Fiquei superatrapalhada. Mesmo assim, pus o braço para fora e fiz sinal de que estava encrencada, para o carro de trás passar na minha frente.

O motorista de trás era um senhor com jeito distinto, de óculos, bigode grisalho, talvez um professor de Mecânica Celeste ou de Economia, sei lá, de alguma dessas ciências bem matemáticas, bem sérias. Pois esse senhor que parecia tão bem-posto na vida, certamente um pai de família, começou a me xingar com a maior violência, vermelho de ódio, berrando aquelas palavras que os pais proíbem.

Eu estava com meu filho (ele tinha uns 5 anos na época), que ficou assustado. Não dava para entender: o que eu tinha feito de tão terrível para aquele homem me odiar assim? Acho que meu menino estava com medo de que o senhor distinto fosse até me bater.

Com a experiência das tantas vezes em que o carro tinha ficado sem combustível, eu já tinha aprendido a carregar comigo um galão extra de gasolina, que coloquei rapidinho no tanque. E dei a partida, sem perder tempo. (Hoje, por razões de segurança, não se pode mais andar com esse galão dentro do carro. Aliás, hoje não se pode mais ficar sem gasolina: dá multa!)

Só que o trânsito estava mesmo encrencado. Para azar daquele senhor distinto e malcriado, logo depois meu carro estava emparelhado com o dele. Fazia calor, ele estava com os vidros abertos, e eu também. Então, não resisti.

Abri o vidro do lado do meu filho e comecei a falar com o meu menino. Mas eu falava bem alto, calma e pausadamente, olhando para o outro carro. De propósito, querendo que o cara ouvisse.

"Pois é, meu filho, você veja: um senhor tão fino, tão distinto, parece um professor. Se me encontrasse numa festa, ia me oferecer uma cadeira, era capaz de me servir uma bebida. Diria: *Por favor, minha senhora, Por aqui, minha senhora* e *Faço questão, minha senhora*. Se o filho dele me faltasse com o respeito, era capaz de levar uns esculachos, para aprender a ter consideração com as senhoras.

Mas como é no trânsito que ele cruza comigo, como o que

tem nas mãos é o volante do carro e não uma empadinha ou um croquete, ele acha que pode me chamar de filha da %#&* e me mandar tomar no @#. É assim que são muitos adultos, meu filho. Como é que eles ainda querem que os filhos confiem neles?"

As incoerências dos poderosos

As pessoas são mesmo incoerentes – e isso não é nada educativo. Quer ver alguns exemplos de situações em que os pais vivem se desacreditando sem nem perceber?

1. Dois irmãos estão brigando e o maior bate no menor, que começa a berrar feito bezerro desmamado só porque o pai está entrando na sala. Daí o pai dá umas bolachas no filho maior, que é para ele aprender a não bater em quem é menor. Pode uma coisa dessas? E o pai, o que está fazendo? Não está justamente batendo em quem é menor?

2. Os pais ensinam que não se deve mentir, só que mandam o filho atender o telefone de casa e, se for a tia Maria, dizer que eles ainda não chegaram. Assim, na caradura.

3. Ficam preocupados com tudo o que parece arriscado (como entrar muito fundo no mar e atravessar uma rua movimentada, por exemplo), mas muitas vezes não usam cinto de segurança quando dirigem.

4. Não querem que se faça nada ilegal (como o filho dirigir sem carta, mesmo sabendo que o garoto guia direitinho), mas passam no sinal vermelho e entram na contramão sem cerimônia quando estão com pressa e não há nenhum guarda à vista.

5. Querem que os filhos tenham consideração pelos outros e sejam disciplinados, mas passam pelo acostamento

quando a estrada está congestionada, sem consideração pelos motoristas disciplinados que ficam na faixa certa.

6. Vivem falando contra as drogas, mas muitas vezes estão com um cigarro ou um copo de bebida na mão. Quando não com os dois.

Acho que esses exemplos são suficientes para a gente entender por que às vezes é difícil levar os pais a sério.

E não adianta vir com a desculpa de que os adultos podem fazer essas irregularidades porque eles conhecem seus próprios limites, são capazes de se controlar e sabem muito bem até onde podem ir. Nada disso é verdade. Basta observá-los no trânsito ou em situações de estresse para perceber com que facilidade perdem a cabeça. Nem é preciso ler as páginas policiais de um jornal.

· · ·

— *Não entendo você, mãe. Com este capítulo, os pais vão te odiar. Será que você não está exagerando nessa conversa de que eles não são de confiança? Qual é a sua?*

— *A minha são várias. A principal é que não tolero as artimanhas da incoerência. É como mãe que bate na criança e diz: "Isso dói mais em mim do que em você". Mentira deslavada.*

— *E é pior quando inventam teorias pedagógicas pra justificar o tapa. Era melhor confessar que bateu porque ficou com raiva e é mais forte. Pronto.*

— *Não sei por que os pais acham que teriam de ser perfeitos para educar os filhos. Com isso eles só aumentam a própria sensação de culpa e tornam mais difícil estabelecer com os filhos uma relação verdadeira, de confiança. Eu gostaria que pais se permitissem ser apenas humanos. Sem ter vergonha do que não conseguiram. E sem ficar arrogantes com o que alcançaram. Só isso.*

– Só?!

– Não, não é só. Queria também que todos pudessem viver felizes e contentes.

– Mãe, você é doida de pedra. Logo, logo vai escrever frases como "Só o amor constrói" ou "Só pelo amor vale a vida".

– E não é assim mesmo?

– Pode até ser. Mas este capítulo ficou esquisito: parece que os filhos usam drogas porque os pais são incoerentes, o que decididamente não é verdade.

– É que eu não mencionei a incoerência mais grave, que é não tolerar que o filho sofra a menor frustração e, ao mesmo tempo, esperar que ele seja responsável e responda por seus atos. Não é possível crescer sem se frustrar. A frustração não é um desvio da rota, mas parte do caminho do desenvolvimento. Todo mundo precisa aprender a tolerar o fato de que não dá para ter tudo nem ganhar todas as batalhas. E essa capacidade tem tudo a ver com a possibilidade de fazer escolhas, que tem tudo a ver com poder dizer "não" a um prazer imediato, mas venenoso.

Enfim, se não houvesse tantas pequenas trapaças nesse relacionamento (algumas até "para o bem", como deixar que a criança ganhe em jogos que ela mal sabe jogar), os filhos estariam mais preparados para enfrentar as derrotas que a vida inevitavelmente impõe e confiariam mais nos pais. E pais e filhos estariam mais próximos – o que seria um passo importante para ajudar os jovens a não se meter em encrencas. Ou para ajudá-los ao menos a sair das encrencas com menos sofrimento e angústia.

2

DELÍRIOS, ALUCINAÇÕES E OUTROS BARATOS

5. DA TOPADA AO GRITO

ACONTECEM UMAS COISAS INCRÍVEIS com a gente o tempo todo, e parece que não percebemos. Não estou falando de fenômenos do tipo "acredite se quiser" nem de histórias que viram manchete de jornal. Estou falando de fenômenos que se passam aqui mesmo, no nosso corpo, e que, se alguém se desse ao trabalho de pensar um pouco sobre eles, iria descobrir que são surpreendentes.

Por exemplo: o cara está andando tranquilo e distraído pela rua, de repente dá uma topada numa pedra e solta o maior berro, sem nem se dar conta do que aconteceu. Como é que isso se passa assim tão rápido, se o cérebro fica a mais de um metro de distância do pé? Como a informação da dor da topada passa instantaneamente do pé para a boca?

Quer outro exemplo? A gente vê na televisão um comercial de sanduíche, nem percebe que está com fome e fica com água na boca no ato. Como é que a informação parece que vai direto do olho para a boca sem nem passar pela cabeça?

Mais um: você está na maior tranquilidade, conversando

com uma amiga, e de repente o seu coração dispara só porque "certa" pessoa entra na sala. De onde vem a ordem para seu coração bater assim desembestado se você não tinha confessado nem para si mesma o que sentia por aquela pessoa?

Estamos falando dos caminhos que as sensações e as emoções percorrem dentro da gente. Estamos falando dos percursos dos impulsos nervosos.

Como um fio, por um fio

Vejo um livro em cima da mesa. O que acontece para que esse livro, que está longe de mim, penetre pelos meus olhos, chegue ao meu cérebro e então minhas mãos possam escrever "Vejo um livro em cima da mesa"?

É assim: as ondas luminosas que estão na sala, ao passar pelo livro, têm o seu percurso alterado. Daí essas ondas atingem meus olhos e impressionam minha retina. Elas não atingem só os meus olhos; atingem também meu nariz, minhas orelhas, todo o meu corpo. Mas só as células da minha retina respondem a esse estímulo, porque só as células da minha retina são sensíveis à luz. Por isso, embora as ondas luminosas atinjam todo o meu corpo, só impressionam as células da minha retina – que respondem enviando um impulso elétrico ao meu cérebro.

Uma operação triangular

Pois a única linguagem que o cérebro entende é a elétrica. Dentro da minha cabeça não chegam nem luzes, nem cheiros, nem barulhos: chegam impulsos elétricos apenas. Então os órgãos dos sentidos recebem os estímulos do mundo exterior, que geram impulsos elétricos nas células nervosas. São esses impulsos elétricos que chegam ao cérebro levando informações.

Cada tipo de célula é sensível a um estímulo específico: as células da retina transformam os estímulos luminosos em impulsos elétricos; as células gustativas, situadas na língua, que são sensíveis a estímulos químicos, transformam em impulsos elétricos os estímulos produzidos pelas substâncias presentes na comida, como o sal da sopa ou o açúcar da torta.

Isso vale para cada receptor: não se escuta nada pelo nariz nem se sente gosto pelos olhos. Posso acender a lanterna mais luminosa na minha orelha, mas não vou enxergar luz nenhuma. E também não adianta enfiar o dedo na sopa para descobrir se falta sal. O que pode acontecer é queimar o dedo, pois as células da pele são sensíveis ao calor.

Então... o cérebro só recebe mensagens elétricas – e são também elétricas as ordens que o cérebro envia para todas as partes do corpo, para que elas respondam. Mas a gente não se dá conta de nada disso: vê o sanduíche e fica com água na boca, pronto.

Não percebemos que:

1. as ondas luminosas passam pelo sanduíche e determinam impulsos elétricos nas células da retina;
2. esses impulsos chegam ao cérebro;
3. o cérebro manda impulsos elétricos para as glândulas salivares;
4. as glândulas salivares respondem aos impulsos elétricos, enchendo a boca de água.

O mesmo acontece no telefone, fixo ou celular. Sua voz entra pelo bocal e é transformada em impulsos elétricos, que são transportados (por fios, no caso dos fixos, e por ondas, no caso dos celulares) até o telefone de um amigo, onde os impulsos elétricos são transformados novamente em voz, que sai pelo fone na orelha do amigo e atinge as células da orelha sensíveis ao som, que respondem mandando impulsos elétricos até... Por aí vai, num caminho quase sem fim.

Como a informação passa de uma célula para outra?

Se um dos fios que levam a energia elétrica para uma lâmpada estiver cortado, ela não acenderá, pois a eletricidade não passa de um pedaço de fio para o outro a menos que os pedaços se toquem. Mas se as extremidades de dois fios estiverem mergulhadas numa solução de água e sal, então a corrente elétrica vai passar de um pedaço de fio para o outro e a lâmpada acenderá. Isso significa que a água salgada funciona como uma ponte, fazendo com que a corrente elétrica atravesse o espaço que separa a ponta dos fios.

É parecido com o que acontece com o impulso nervoso entre duas células nervosas: a distância que separa uma célula da outra é preenchida por substâncias químicas que permitem a passagem do impulso.

Dentro do nosso corpo todas as informações são transmitidas dessa forma. Do pé para o cérebro (ou para a medula), informando que se pisou num espinho; do cérebro (ou da medula) para o pé, ordenando que o pé seja imediatamente levantado; do cérebro para a garganta, para que o grito seja emitido; do grito para a orelha da mãe e daí para o cérebro materno, que ordena, por esse mesmo processo, que seu maternal coração se acelere e que suas devotadas pernas corram para acudir aquele moleque que, com certeza, pelo tipo de berro, está metido em alguma encrenca.

— Tá superclaro, mãe. Legal mesmo. Mas você não vai dizer os nomes dessas células, desses espaços, dessas substâncias? Aposto que tudo isso tem nome, e em grego ainda por cima! Não adianta querer tapear com essa linguagem caseira. Este capítulo está todo científico.

— Não quero tapear ninguém. Não tenho vergonha nenhuma de escrever um capítulo científico.

— Então por que não dá os nomes que essas coisas têm?

— Porque o que eu quero é que as pessoas entendam como tudo isso funciona; não quero ensinar letras clássicas pra ninguém. Mas se você quiser saber os nomes eu posso contar. Não é nada tão terrível.

— Pensando bem, é melhor não dar nome nenhum. Senão é bem capaz de alguma professora espertinha resolver perguntar justo essas chatices na avaliação. Mas o que tudo isso tem a ver com as drogas? Você continua fugindo do assunto!

— Calma aí, você já vai ver.

6. ESTADO DE ESPÍRITO
SOB ENCOMENDA

A BASE DE TODO ESSE processo é a célula nervosa – que se chama neurônio. Um neurônio é composto de um corpo celular e de prolongamentos desse corpo celular, que funcionam como fios elétricos que conduzem o impulso nervoso.

O ponto-chave do processo de passagem do impulso nervoso é a sinapse, o microscópico intervalo entre a ponta de um neurônio e o começo do neurônio seguinte. Como acontece com um fio elétrico cortado, para que o impulso passe (e se transmita de um neurônio a outro) é preciso que esse espaço seja preenchido por substâncias químicas – os neurotransmissores. Diferentes tipos de neurotransmissores afetam diferentes regiões do cérebro e precisam ser fabricados continuamente, pois sem eles as mensagens elétricas não passariam de um neurônio para outro e a comunicação ficaria interrompida. A mensagem se perderia no meio do caminho, sem atingir o cérebro ou a parte do corpo que deveria obedecer à ordem enviada pelo cérebro. Mas os neurotransmissores têm de ser destruídos depois da passagem do impulso, caso contrário a mensagem ficaria reverberando por ali, e a sinapse ficaria bloqueada para a transmissão de novos impulsos.

Atenção! Agora chegamos às drogas

Chegamos ao ponto. As drogas que afetam nosso comportamento ou nosso estado de espírito agem justamente alterando o nível dos neurotransmissores.

Algumas drogas estimulam a produção dessas substâncias, fazendo com que os impulsos passem mais depressa ou por mais caminhos; outras bloqueiam sua síntese, para impedir a passagem do impulso; outras ainda imitam alguns neurotransmissores, ocupando o lugar deles nas sinapses, simulando um estímulo que não existe na realidade.

Então é possível fazer qualquer alteração no funcionamento do cérebro: é possível aumentar, diminuir, fingir, dissimular. Basta imitar a linguagem química e a elétrica. Ou seja, existem drogas estimulantes, que facilitam as sinapses; drogas depressoras, que inibem as sinapses, e drogas alucinógenas, que provocam a maior confusão nas sinapses.

• • •

— *Afinal resolveu dar os nomes?*

— *Depois do que você disse, nenhuma professora vai ter cara de perguntar esses nomes nas avaliações. E os nomes são úteis, ajudam a gente a ser precisa, sem ter de falar muito. É para isso que servem, não para ficar pernóstica e humilhar os outros.*

— *Não compreendi bem a parte dos alucinógenos; os outros dois tipos parecem mais fáceis de entender. Como é que uma droga fabrica uma alucinação?*

– Uma droga não fabrica nada, ela só acorda imagens que já estão lá dentro.

– Então, como a gente acha que está vendo ou ouvindo figuras e sons que não estão em lugar nenhum?

– Não é bem que não estão em lugar nenhum. Essas imagens estão dentro da cabeça da gente. Os alucinógenos criam uma enorme confusão, que nos leva a achar que elas existem fora, no mundo real, com vida própria e tudo.

– Acho que ainda não entendi bem. Afinal, quando alguém está maluco e acha que está vendo um elefante tocando piano, acredita mesmo que o elefante está lá, na sala do piano, pessoalmente, em carne e tromba. Mas não tem elefante nenhum, nem na sala nem dentro de ninguém.

– Tá certo, não é bem assim. Então ouça: pense em alguém que não está aqui. Tenho certeza de que a imagem dessa pessoa está tão nítida na sua cabeça que você consegue imaginar cada detalhe do rosto dela. Mas você sabe que ela não está aqui, em carne e osso, nesta sala. Ou seja, você sabe que se trata de uma fantasia produzida pela sua memória.

– E pela minha saudade...

– E pelo seu desejo de que a pessoa estivesse aqui. Então, uma droga alucinógena pode embananar as sinapses de tal modo que se acredita que o estímulo chega de fora, quando de fato ele vem de dentro, como um fantasma.

Mas a Filha já não me ouve. Seus olhos estão molhados, e ela parece ausente. Como se estivesse em outro lugar.

– Filha, o que há?

– Nada, mãe. Acho que viajei no lance da saudade. Entendi o que você quer dizer com essa história de que a droga não cria nada de novo. Dá para fazer a maior viagem simplesmente embarcando no desejo e na saudade. Como fiz agora.

7. O TELEFONE É UM ALUCINÓGENO?

VOCÊ SABE, O TELEFONE PODE ser um objeto muito importante, fundamental mesmo, em certos momentos da vida da gente. E pode provocar as situações mais estranhas e inexplicáveis. Quer ver?

1. O telefone de casa toca.

Você, naquela tarde, tinha aprontado. Em vez de ir à escola, como todo dia, como sempre, como todo mundo, você tinha ido ao cinema com o Beto. E teve o azar de passar bem ao lado da tia Emília, que inventou de fazer compras naquele shopping justo naquela tarde. Você não está segura de que ela a tenha visto, mas está com medo de que isso tenha acontecido, porque você e o Beto estavam *muito* distraídos e, quando se deram conta, estavam bem pertinho dela.

À noitinha, na sua casa, quando o telefone toca, você sai correndo feito louca para atender o telefone antes de qualquer outra pessoa. E vai com a maior cara de culpada, porque tem certeza de que é a tia Emília que está ligando para contar a sua mãe que você estava no shopping em horário de escola.

É o tintureiro, avisando que a van quebrou e ele vai entregar a roupa amanhã cedo. Só que você já deu tanta bandeira que sua mãe desconfiou que alguma você aprontou, e agora você tem de se explicar direitinho. De fato, a tia não viu coisa nenhuma e, mesmo que tivesse visto, não ia dar a mínima, pois nem sabe qual é o seu horário de escola.

2. Seu celular está quietinho.

Mas você tem certeza de que o Beto vai mandar um torpedo. Assim, espera ardentemente o sinal de mensagem entrando.

Então, a cada cinco minutos, você ouve o barulhinho de mensagem, quando, na verdade, é o guarda que está apitando na rua, ou o alarme de um carro que disparou, ou o despertador do seu irmão que está, como sempre, buzinando fora de hora.

3. Seu celular dorme tranquilo.

Reina o mais absoluto silêncio na noite. Mas você acorda com a certeza cristalina de que ouviu o toque de mensagem. Olha para a tela do celular e fica com ele na mão, com cara de idiota, ouvindo aquele ruído besta, sem entender nada. O barulhinho de mensagem ainda ecoa em seus ouvidos, você sabe que não pode estar enganada, alguma mensagem entrou, tem de ter entrado, o Beto não ia fazer isso com você, de jurar que dava notícias e nada.

Deu pra sentir como são frágeis e enganosas as nossas certezas? Deu pra perceber como a nossa cabeça é capaz de nos pregar peças? Como estamos sempre inventando a realidade?

- No primeiro caso, você fez um *delírio*: juntou fatos não relacionados (cabular aula, encontrar a tia no shopping e o telefone tocar) para construir um enredo na medida exata do que você estava sentindo (a maior culpa por ter feito o que não devia).
- No segundo caso, você fez uma *ilusão*: distorceu dados da realidade (o apito do guarda ou o despertador do irmão) para ajustá-los ao seu desejo (de que a mensagem do Beto chegasse).
- O terceiro é um exemplo típico de *alucinação*: onde não existia nada, sua cabeça criou um estímulo (o aviso de mensagem) para corresponder à sua fantasia (de que o Beto estava mandando notícias, como tinha prometido).

Portanto, todos esses fenômenos (delírios, ilusões, alucinações) fazem parte do nosso cotidiano. Reinventamos a realidade, com total sem-cerimônia, sem nos dar conta. Em geral nem percebemos a confusão que fazemos ao misturar, na maior salada, o nosso mundo interno – sentimentos, desejos e fantasias – com fatos e acontecimentos do mundo externo. Embaralhamos tudo e acreditamos nas histórias mais incríveis, sem precisar de droga nenhuma.

Assim, as chamadas drogas alucinógenas, que formam o grupo mais intrigante dos modificadores químicos do comportamento, não inventam nada de novo; mas acentuam, em um grau elevado, um processo que ocorre naturalmente em todas as cabeças. (Na loucura, o que acontece é que se perde de vez a capacidade de discriminar entre realidade e fantasia.)

Todas as outras drogas, em algum grau, também fazem uma distorção do real – o álcool, a cocaína e as anfetaminas provocam alguma alteração da percepção, ainda que este não seja seu principal efeito.

• • •

– *Grande, mãe! Estou orgulhosa de você! É legal como você pega imagens tão cotidianas e corriqueiras pra falar de assuntos complicados!*

– *...*

– *Mas tem uma pergunta que está me fazendo cócegas na garganta desde que vi você escrevendo este livro.*

– *Por que não pergunta logo?*

– *Não sei, talvez por causa daquela história do mingau quente. Acho que você não vai gostar da minha pergunta...*

– *Arrisque, é o que tenho feito com você desde que você nasceu. Se eu não gostar, paciência. Não pode acontecer nada de muito grave entre nós por causa de uma pergunta.*

– *Então, lá vai, em nome da sinceridade no relacionamento entre pais e filhos, mães e filhas: você já experimentou?*

– *Experimentou o quê?*

– *Algum desses baratos, ora.*

– *E que diferença isso faz?*

– *Faz a maior diferença! A diferença entre você saber sobre o que está falando ou não saber. Isso não faz diferença?*

– *Nunca ouvi dizer que antes de marcar consulta com o oculista a gente devia perguntar se ele usa óculos.*

8. TRANQUILIZANTE TRANQUILIZA?

QUALQUER QUADRO DE CLASSIFICAÇÃO das drogas, por mais claro e conveniente que seja, tem um defeito: na prática, o que acontece não é muito classificável.

Quando se trata de gente, nada é rigorosamente previsível. Se o efeito de uma droga é acentuar o que, de alguma forma, já faz parte do currículo do sujeito (isto é, a soma das suas vivências e lembranças, desejos e temores), esse repertório vai ser tão importante para produzir o efeito final quanto a substância química.

Em 1968 foi feita uma experiência considerada modelo para as pesquisas com drogas que afetam o comportamento. Vinte adultos, sabedores de que participariam de uma pesquisa sobre drogas, foram avisados de que receberiam uma dose de uma substância que poderia agir como tranquilizante ou estimulante do sistema nervoso, conforme um sorteio cujo resultado não lhes seria revelado. Ou seja, eles não saberiam antecipadamente o tipo de droga que receberiam. Os 20 sujeitos foram, então, colocados em dois ambientes separados, dez em cada um. No primeiro grupo, nove sujeitos receberam um tranquilizante, e o décimo recebeu um estimulante. No segundo, fez-se o contrário: nove receberam um estimulante, e o décimo recebeu um tranquilizante.

Estimulante estimula?

Depois de algum tempo, não era possível, em nenhum dos grupos, distinguir qual sujeito tinha recebido a droga diferente. Isto é, aquele que tinha sido o único a receber um estimulante, junto de nove pessoas que receberam tranquilizantes, sentia-se largado, sonolento, como todos os outros sujeitos da sala. No outro grupo, a única pessoa que estava sob o efeito de um tranquilizante sentia-se, na companhia de nove parceiros estimulados, como se também estivesse sob o efeito de um estimulante: elétrico, alerta, ligadão.

O que dá para concluir?

Com base nessas experiências, algumas conclusões se impõem.

Primeira: o efeito que uma droga provoca depende de outros fatores, além das suas propriedades químicas – pois quem tinha recebido a droga diferente exibia um comportamento que revelava uma forte influência do estado de espírito das pessoas em volta.

Segunda: ainda assim, existe um *efeito médio da droga* – pois a sala onde a maioria das pessoas estava sob o efeito de estimulantes tinha um clima diferente da outra sala, onde a maioria tinha recebido tranquilizantes.

Terceira: como boa parte do efeito da droga depende de

fatores externos à substância que o sujeito ingeriu, podemos falar de um efeito placebo, isto é, a pessoa, sugestionada, expressa (ou até sente) o que acha que deveria sentir.

Portanto, quando se fala do efeito de uma droga, é preciso entender que se trata desse efeito médio, que é o efeito que a droga teria se todos os usuários fossem iguais. Só que as pessoas são diferentes.

O que uma pessoa sente ao experimentar uma droga é o resultado de todo um sistema de influências no qual, aos componentes químicos da droga, juntam-se fatores de naturezas diversas, desde o significado que aquela experiência tem até o tipo de vínculo que une o sujeito às pessoas com quem se dispõe a partilhar da experiência.

Quem faz o quê?

Existem diferentes esquemas de classificação das drogas, alguns mais simples, outros mais complicados, com maior ou menor quantidade de nomes latinos. Todos os sistemas de classificação são equivalentes, e a escolha dos critérios depende de quais características o autor do esquema acha mais importante ressaltar.

Vamos apresentar um quadro que divide as drogas segundo o efeito que provocam no cérebro, separando as substâncias naturais (que existem diretamente na natureza) das sintéticas (produzidas em laboratório).

Inúmeras outras características poderiam ser levadas em consideração, como a forma de administração (por inalação, ingestão ou injeção, por exemplo). Mas, como muitas vezes a mesma droga pode ser usada por diferentes vias, esse aspecto é irrelevante numa classificação geral. Adiante, quando discutirmos com mais detalhes cada tipo de droga, essas vias poderão ser mencionadas, nos casos em que forem pertinentes.

Vale lembrar que o fato de uma substância ser natural não implica que ela seja benéfica. Nem que seja menos prejudicial do que uma substância sintética ou artificial. Estricnina é natural e mata; arsênico também, e mata com a maior naturalidade.

Talvez seja até mais garantido usar um produto de laboratório, com bula (na qual constam os efeitos colaterais, a conduta indicada diante de overdose etc.), do que comprar sabe-se lá o quê, embrulhado em jornal, das mãos de um cara sem nome, sem documento, com endereço ignorado. Já o produto comercial, antes de ser posto à venda, passou ao menos por algum controle de qualidade, e sua bula tem de conter informações verdadeiras – caso contrário o laboratório corre o risco de ser processado. E a bula costuma indicar a que instância recorrer em caso de reações adversas. Mas todo remédio tomado sem indicação e controle médico, por mais sério que seja o laboratório que o produziu (e mais desonesto o farmacêutico que o vendeu), pode provocar reações diferentes das que estão na bula.

É mais fácil saber a dosagem e o tipo de veneno que se está tomando com essas drogas de laboratório do que quando se usa veneno cuja procedência é duvidosa.

Classificação de drogas
que afetam o comportamento

I - Estimulantes	
naturais	cocaína cafeína
sintéticos	anfetaminas (bolinhas, speedy)
II - Depressores (calmantes)	
naturais	opiáceos (narcóticos) álcool
sintéticos	sedativos (barbitúricos) ansiolíticos (benzodiazepínicos) antidepressivos
III - Alucinógenos	
naturais	maconha mescalina cogumelos
sintéticos	LSD voláteis

• • •

– *Gostei de você falar desses venenos naturais, que matam com a maior naturalidade. Não aguento essa onda de que basta uma substância ser natural para ela ser boa e de que basta ser artificial para ser porcaria. Vai lá saber o que é natural e o que é artificial para uma espécie maluca como a humana. Pode ser que a especialidade dessa espécie seja justamente depender dos artifícios da cultura, quer dizer, de artificialidades como lápis, óculos, escovas de dentes. Vai ver que a espécie humana só sobreviveu, no meio daqueles sauros enormes da Pré-História, porque foi capaz de inventar a cultura. Porque não dava nem pra correr muito, com* essas perninhas de nada, nem pra se defender muito, com essa pele tão fininha, nem pra atacar ninguém, com essas mãozinhas ridículas de tão frágeis.

– Opa! Acho que você anda vendo muitos filmes fajutos sobre a Pré-História! Ao contrário do que mostram esses filmes malfeitos, a espécie humana nunca se encontrou com dinossauro nenhum ao longo da sua história evolutiva. Veja: os dinossauros surgiram há uns 220 milhões de anos e se extinguiram há 65 milhões de anos. O gênero Homo (como o Homo erectus) surgiu há apenas 2 milhões de anos, e o Homo sapiens, há meio milhão; quer dizer, anteontem.

– E a Mater sapiens é de quando? Eu estou falando de sauros assim, em geral: os monstrossauros que a gente tem de enfrentar pela vida afora, o violênciassauro, a corrupçãossauro, a burricessauro, a poluiçãossauro... Esses aí. E, já que você é tão sabida, por que não fala dos problemas que a cultura agora cria em vez de resolver? E de tanta tecnologia que está acabando com a natureza? Você não quer falar que deve ter um jeito mais maneiro de usar a cultura sem poluir e destruir tudo?

– Certamente haveria jeitos mais cuidadosos de usar a cultura respeitando a natureza. Mas os problemas provocados pela tecnologia só se resolvem com mais tecnologia. Os sistemas necessários para despoluir um rio são ainda mais requintados do que os que provocaram a poluição. Não adianta querer ser "natural" e jogar pela janela as conquistas da tecnologia. Os problemas criados pela civilização só se resolvem com mais civilização, não com mais barbárie. E chega dessa conversa, que este é um livro sobre drogas, não sobre ecologia.

– Mãe, assim você parece uma daquelas professoras chatas que reclamam que os alunos não se interessam pelas aulas e quando a gente está mais interessada, fazendo as perguntas mais legais, dizem que isso não é matéria daquela aula e que vão responder num outro dia. Coisa mais brochante!

9. NOVELA É VÍCIO?

EXISTEM CARACTERÍSTICAS QUE FAZEM com que as drogas que estão no nosso quadro de classificação constituam um grupo especial. Não basta dizer que são substâncias que modificam o comportamento. Muitas substâncias modificam o comportamento e nem por isso fazem parte desse quadro. Não são vendidas por traficantes nem visadas pela polícia.

Se você estiver com dor de cabeça e tomar uma aspirina, seu comportamento vai se modificar quando a dor passar. E é absolutamente notável a diferença de comportamento de um bebê antes e depois de uma mamada. Nem por isso teria fundamento sugerir que a aspirina ou o leite figurassem num quadro de classificação de drogas.

Então, o que faz com que uma substância entre para o quadro de drogas?

Para que uma substância faça parte desse perigoso time,

ela tem de apresentar características específicas, além de provocar alterações do estado de espírito. Essas características estão relacionadas com os conceitos de *tolerância*, *dependência* e *síndrome de abstinência*.

Tolerância?

Tolerância é o processo que leva o usuário a tomar doses cada vez maiores da droga para obter o mesmo efeito.

Com os remédios para regime, principalmente quando tomados sem orientação médica, a tolerância desenvolve-se depressa. No início, meio comprimido tomado pela manhã é suficiente para dar uma sensação de saciedade – que dura o dia inteiro. Porém, com a continuidade do uso, a pessoa passa a precisar de um comprimido inteiro; depois, de mais um comprimido à tarde e assim por diante. Há casos de pessoas que chegam a ingerir dezenas de comprimidos diários sem conseguir o efeito que, no começo, obtinham com meio comprimido matinal.

É como se o corpo fabricasse substâncias para anular o efeito da droga, de modo que, para obter a mesma sensação, é necessário ingerir quantidades cada vez maiores da droga. O principal problema é que, em alguns casos, essa tolerância se estabelece em níveis tão altos que a dose necessária para obter o efeito desejado já está próxima da dose letal.

E, como em alguns casos a letalidade também depende da experiência anterior (pois o indivíduo desenvolve tolerância também para a letalidade da droga, embora mais lentamente do que para o efeito sobre o comportamento), uma pequena fração da dose habitual de um dependente pode ser suficiente para matar um iniciante.

E dependência, o que é?

Quando um indivíduo fica dependente de uma droga, seu organismo precisa dela não mais para obter determinado efeito, mas, sim, para continuar funcionando como se estivesse em condições normais. No caso da heroína, por exemplo, o organismo de um dependente precisa da droga da mesma forma que um diabético precisa de insulina.

A dependência de drogas é diferente de um hábito ou da satisfação de uma necessidade emocional. Assistir todo dia ao capítulo da novela pode ser uma mania implacável, mas ninguém teve cólicas por ter perdido o episódio da véspera. Já o dependente em morfina ou heroína *depende* da droga, da mesma forma que um homem normal depende de alimentos. Se qualquer pessoa deixar de se alimentar, fatalmente ficará doente; se um dependente em heroína deixar de receber a droga, também ficará doente. Não se trata de uma doença imaginária nem psicológica, mas de uma realidade bioquímica: depois que uma quantidade de morfina ou heroína circula pelo corpo, a química do organismo fica de tal forma alterada que o funcionamento normal torna-se impossível, a menos que a droga esteja presente.

Síndrome de abstinência

É a isso que se chama de *síndrome de abstinência*: a terrível sensação provocada não pelo uso, mas pela ausência da droga. Muitas vezes o sofrimento é tão intenso que é suficiente para manter o vício: o dependente passa a procurar a droga não mais pelas sensações prazerosas que experimentava, mas para livrar-se do sofrimento da síndrome de abstinência.

O mesmo acontece com outras drogas, como o álcool: a síndrome de abstinência do álcool provoca sofrimentos intoleráveis, o que leva o alcoólatra a continuar bebendo.

• • •

– *Ficou dramática agora.*

– *Vai me dizer que você não concorda que o assunto é dramático mesmo?*

– *É para algumas drogas, mas não vale para tudo o que está naquele seu quadro. Dá para falar assim da heroína, mas talvez não da maconha, por exemplo. Se você usar o mesmo tom dramático para tudo, vai se desmoralizar. Como mãe gritona, que berra do mesmo jeito quando a criança está muito perto do fogo ou brincando com o batom dela: é tanto grito pra tudo, o tempo todo, que quando é pra valer mesmo a criança nem liga e se estrepa.*

Tá certa a Filha.

3

OS DOCES VENENOS, UM A UM

10. TABACO – UMA QUESTÃO DE LIBERDADE

MUITOS DOS ANTIGOS COMERCIAIS de televisão mostravam imagens de jovens elegantes e arrojados, certamente campeões na vida. O telespectador ficava intrigado (portanto, atento): o que aquele jovem teria feito para chegar ao sucesso? Como teria conquistado essa autoconfiança, esse olhar seguro e atrevido, esse ar de quem sabe onde pisa? Estudou muito, trabalhou arduamente? Submeteu-se, por anos a fio, a um processo de psicanálise para se conhecer melhor?

Nada disso, anunciava a voz suave e convincente do locutor: *Esse jovem chegou direto ao sucesso por fumar o cigarro Tal*. Parecia tão fácil, ao alcance de qualquer um: o homem que sabe o que quer fuma o cigarro *Qual*. Bastava imitá-lo.

Agora está proibida a propaganda de cigarros e há um cerco crescente aos fumantes, restringindo cada vez mais os espaços em que fumar é permitido. Além disso, os maços de cigarro são obrigados a exibir alertas dramáticos sobre os riscos provocados pelo uso do tabaco.

Os efeitos nocivos do cigarro são bem conhecidos, quase

todo fumante já tentou parar de fumar pelo menos uma vez na vida, e as campanhas contra o fumo se espalham pelo mundo. Ainda assim, encontramos resquícios de propaganda de marcas de cigarro em carros de Fórmula 1, associando-as à sofisticação das garotas que frequentam os boxes e à ousadia dos jovens pilotos.

Se você observar cenas de filmes antigos, vai ver com que frequência aparecem personagens fumando, com ou sem piteira. A imagem que essas cenas querem passar é que o homem que fuma parece mais másculo e a mulher que fuma parece mais sensual. Hoje essas cenas sumiram, tanto dos filmes quanto das novelas. Mas muitos jovens embarcaram nessas imagens na metade do século XX. O ator que fazia os comerciais de uma conhecida marca de cigarros era o maior símbolo da liberdade e da virilidade dos homens que fumavam aquela marca. Pois esse ator processou a fabricante da conhecida marca de cigarros depois de adquirir um câncer de pulmão, que veio a causar a sua morte.

Pesquisas revelam que os fumantes são estritamente fiéis: uma vez escolhida *sua* marca de cigarros, eles tendem a manter a escolha por toda a vida. Então, a quem se dirigiam as propagandas? À mesma população que se quer atingir com as campanhas de prevenção: aos jovens que ainda não fumam.

Você já reparou que os comerciais dirigidos aos adolescentes sempre fazem um apelo, sutil ou declarado, à liberdade? Tanto que, durante uma polêmica em torno da lei que proíbe fumar em recintos fechados (como restaurantes e supermercados), a Cia. Souza Cruz, fabricante de cigarros, publicou um enorme anúncio, em cartazes em jornais e revistas, alardeando que o direito de fumar era, antes de tudo, uma questão de liberdade, não de saúde. Pois quero saber quantos fumantes

DOCES VENENOS

têm a liberdade de escolher entre acender ou não o próximo cigarro, de comprar ou não o próximo maço.

Não há apelo mais caro ao ser humano, sobretudo na adolescência, do que a bandeira da liberdade, que mobiliza as mais ferrenhas batalhas com a família, com a escola, com as regras.

Pois é desse desejo de liberdade que as drogas se aproveitam, e é o que faz com que o jovem seja especialmente sensível ao apelo das drogas. Por isso, a questão da liberdade é o paradoxo central de uma discussão sobre a prevenção do uso de drogas.

Mas o que é "ser livre"?

Ser livre é muito diferente de "só fazer o que gosta", como muitos alardeiam. Quem só faz o que gosta é louco, não livre. Para exercitar uma escolha livre, é preciso, em primeiro lugar, conhecer com clareza o próprio desejo ou necessidade, saber das opções possíveis e entender as consequências de cada uma das possibilidades de ação, para poder responder por elas. Portanto, uma vez estabelecida a condição de dependência, a liberdade fatalmente desaparece, pois a pessoa é obrigada a continuar "escolhendo" usar o que lhe faz mal.

Isto é, quem se deixa seduzir por esse apelo – feito em nome do mais precioso dos direitos humanos, que é a conquista da liberdade – pode ser levado à pior escravidão, que é a dependência química ou psicológica.

O tabagismo e suas sequelas ainda constituem uma das principais causas de mortes prematuras em todo o mundo: 30% de todos os casos de câncer são atribuídos ao uso de cigarros (essa porcentagem sobe para 85% no caso de câncer de pulmão), e de 70% a 90% dos casos de bronquite e enfisema têm a mesma origem.

Boa parte dos danos se deve ao monóxido de carbono e constituintes do alcatrão, e cada cigarro contém mais de 4 mil substâncias. Mas o componente que causa dependência é a nicotina. Cigarros sem nicotina são rapidamente abandonados pelos fumantes, que voltam ao cigarro comum.

Qual é o pior: cigarro, charuto ou cachimbo?

A principal diferença é que a fumaça de charutos e cachimbos é absorvida pelas mucosas da boca e do nariz (daí provocar câncer de língua e dos lábios), enquanto a nicotina é absorvida só pelos pulmões, por isso a fumaça tem de ser tragada para que a nicotina penetre na corrente sanguínea. Quando os pulmões são atingidos, a nicotina difunde-se rapidamente pelos alvéolos e chega ao cérebro em menos de 10 segundos. Apenas 1 minuto depois da primeira tragada, a concentração de nicotina no cérebro já é suficiente para provocar efeitos estimulantes: sensação de prazer, aumento do estado de alerta e perda de apetite.

Um fumante dá cerca de dez tragadas ao fumar um cigarro. Cada tragada despeja uma dose de nicotina no cérebro, o que reforça o desejo de fumar. Ao longo de 30 anos, um fumante que consuma 20 cigarros por dia terá dado mais de 2 milhões de tragadas.

A interrupção do uso instala uma crise de abstinência: dificuldade de manter a atenção, perda da concentração, irritabilidade, sonolência e ansiedade. Essas sensações atingem o auge depois de dois ou três dias de abstinência, mas começam a diminuir no final da primeira semana e tendem a desaparecer dentro de duas a quatro semanas.

• • •

– Bobagem falar dessas estatísticas; nenhuma pessoa acredita que as estatísticas falam dela e de seus amigos. São apenas números que não têm nada a ver com a gente. Mas você não escapou do tom dramático que todo mundo usa quando fala do cigarro... Esses tons dramáticos, como aquelas estampas dos maços de cigarro, assustam, mas não ensinam nada. E a turma quer mais é enfrentar o perigo, pra mostrar como são todos valentes.

– O tom dramático tem a ver mais com a questão da liberdade do que com as drogas. Mas o que você acha que se deveria escrever nos maços de cigarros?

– Algumas frases menos apavorantes, mais sutis, do tipo:

"Você vai vomitar nas primeiras tragadas, mas não desanime: fica melhor depois do quinto maço",

"O cigarro vai deixar um cheiro horrível na sua roupa, mas ele começa a desaparecer depois da sexta lavada",

"Sarro de cigarro na boca pela manhã? Tome logo 10 copos de leite com 12 balas de hortelã e o problema desaparece",

"O cigarro vai te deixar com um pigarro desagradável, mas você sempre pode dizer que pigarro é másculo e que rouquidão é sexy".

– Não sei não se isso iria funcionar... Por via das dúvidas, melhor deixar de fora do meu capítulo. Você põe no seu livro, um dia... O que você gostaria que eu escrevesse, então?

– Sei lá, diga que é assim mesmo. Que todo pré-adolescente vai ter de experimentar um cigarro pra se sentir na adolescência. É meio obrigatório, como brigar com os pais. Depois passa. Pra quase todo mundo, quero dizer.

– Não é verdade. Muita gente continua fumando depois da pré-adolescência.

– Não é isso. O que depois passa, pra quase todo mundo, é essa mania de ter de brigar com os pais.

Ora.

11. TABACO, AINDA – QUEM USA CINTO DE SEGURANÇA?

NO NOVO MUNDO, MUITO ANTES da chegada dos europeus, os índios usavam as folhas do tabaco, principalmente como parte de rituais religiosos. A planta chegou à Europa levada pelos companheiros de Colombo, junto com lendas que falavam da magia da terra descoberta: fontes da eterna juventude e ritos pagãos, mulheres misteriosas e homens atléticos e poderosos.

Parte desses mitos contaminou tudo aquilo que chegou no mesmo barco – o cacau, a batata, o tabaco. Por isso, esses produtos, ao mesmo tempo em que despertaram o interesse da população, atraíram a desconfiança da Igreja e dos governantes – e em muitos lugares foram proibidos e banidos. Mesmo assim, o uso do tabaco espalhou-se gradativamente pela Europa e pela Ásia.

De início as folhas eram mascadas e cuspidas nas inefáveis escarradeiras, presentes em todos os salões até o começo do século XX. Além de deselegante, o hábito era também prejudicial à saúde – e parece ter contribuído para a disseminação da tuberculose e de outras doenças transmitidas pelo escarro e pela saliva. Tanto que em 1910 as autoridades de saúde dos Estados Unidos fizeram uma campanha contra o hábito de mascar tabaco.

Com o avanço tecnológico da era industrial, tornou-se possível a confecção em larga escala de finos tubos de papel recheados com um macerado de folhas de tabaco. Estava inventado o cigarro industrializado, que haveria de espalhar pelo mundo uma onda de fumaça e problemas de proporções nunca antes imaginadas.

Essa história talvez nos ajude a entender por que a imagem do cigarro ficou associada à de um hábito sofisticado e elegante: qualquer comportamento é mais elegante do que mascar fumo e cuspir pelos cantos.

Quem nasceu primeiro, o cigarro ou o charuto?

O cigarro veio depois do charuto e era tão mais suave que permitiu uma diversão nova: tragar a fumaça. Com isso a nicotina pôde penetrar nos pulmões, de onde passa à corrente circulatória, para atingir o cérebro com a rapidez e eficiência de uma injeção na veia: uma vez tragada, a nicotina chega ao cérebro em cerca de 7 segundos e estimula a liberação de neurotransmissores, que provocam excitação mental e diminuição do tônus muscular.

O que a nicotina faz no corpo?

A nicotina é imediatamente distribuída pelos tecidos. No sistema digestório, provoca diminuição dos movimentos de contração do estômago, o que dificulta a digestão. Nas primeiras experiências do fumante, esse processo, associado ao efeito da nicotina sobre o cérebro (sensação de perda de equilíbrio, tonturas), provoca náuseas e vômitos.

A fumaça do cigarro irrita os pulmões e deposita neles substâncias danosas, que reduzem os movimentos dos cílios (minúsculos filamentos, parecidos com pelos, cuja movimentação mantém os pulmões limpos). O uso contínuo do tabaco provoca distúrbios dos brônquios e predispõe ao enfisema, ao câncer de pulmão e ao infarto do miocárdio. A nicotina provoca também um aumento dos batimentos cardíacos e da pressão sanguínea, enquanto reduz o fluxo do sangue para a periferia do corpo – daí as complicações circulatórias a que os fumantes estão sujeitos.

O tabaco eleva o tempo de coagulação do sangue, efeito que é agravado pelo uso de pílulas anticoncepcionais, as quais também afetam o mecanismo de coagulação. Assim, não convém associar o fumo com o uso de pílulas anticoncepcionais.

A nicotina reduz a eficiência de vários remédios. Os fumantes precisam, por exemplo, de uma quantidade maior de morfina para controlar a dor e são menos sensíveis ao efeito de alguns tranquilizantes.

"Parar de fumar é fácil: eu já parei umas 20 vezes"

A síndrome de abstinência do cigarro varia de uma pessoa para outra, tanto no tipo quanto na intensidade de sintomas. São conhecidos casos de pessoas habituadas a fumar 2 a 3 maços por dia que pararam de fumar de um dia para outro sem grandes mostras de sofrimento. Outras, que fumavam menos e havia pouco tempo, queixaram-se de irritação, dores de cabeça, dificuldade de concentração e aumento compulsivo do apetite.

Esses sinais tanto poderiam ser atribuídos à falta de nicotina no sangue quanto à privação de um hábito. Existem pastilhas com pequena quantidade de nicotina que podem ajudar um fumante a diminuir o número de cigarros que fuma por dia. O fato de essas pastilhas aliviarem os sintomas da falta de cigarro fala a favor de uma verdadeira síndrome de abstinência. Mas há indicações de que os sintomas também melhoram se a pessoa simplesmente acreditar que as pastilhas que usa contêm nicotina, ainda que não contenham – o que faz pensar em causas psicológicas.

E então?

Fumantes inveterados podem passar as duas horas de uma sessão de cinema sem manifestar sintoma algum. A proibição de fumar em aviões não leva ninguém a adoecer. Esses fatos levam a crer que as causas psicológicas desempenham um papel importante nas reações à falta de nicotina.

Em boa parte do mundo, inclusive no Brasil, trava-se uma verdadeira guerra contra o fumo desde 1964, quando pesquisas confiáveis demonstraram de forma cabal os problemas provocados pelo uso contínuo do cigarro. No final da década de 1990, as fábricas de cigarros dos Estados Unidos se viram bombardeadas por numerosos processos judiciais, movidos por fumantes ou suas famílias, que as obrigaram a pagar, em dois anos, cerca de 250 bilhões de dólares para cobrir despesas médicas com tratamento de fumantes doentes. Para evitar maiores prejuízos, os produtores de cigarro criaram campanhas publicitárias nas quais admitem abertamente que as provas científicas demonstram que fumar causa câncer do pulmão e outras doenças potencialmente fatais. Com esses pronunciamentos, esses fabricantes pretendiam tornar mais difícil, para quem começava a fumar no final da década de 1990, entrar com processos sob a alegação de que não tinha consciência dos perigos do cigarro.

Mesmo assim, ainda hoje as estatísticas sobre os riscos para a saúde são olhadas com desconfiança, como se isso tudo fosse bobagem, já que "ninguém fica imortal por parar de fumar".

Valentões, todos.

...

– Ficou irônica, mãe? Você sempre diz que a ironia não é um bom caminho para ensinar, que é uma forma disfarçada de agressão. Por que isso agora?

– Eu fico irritada com essa conversa de negar, distorcer ou desqualificar o resultado de pesquisas científicas sérias para justificar uma fraqueza. Muita gente fala que a ciência deveria concentrar seus esforços e recursos para procurar a cura do câncer em vez de gastar dinheiro com pesquisas espaciais. E muitos desses mesmos críticos se negam a levar a sério fatos que a ciência demonstrou, como a relação entre fumo e câncer de pulmão.

– Mas é verdade que ninguém fica imortal se não fumar. Do jeito que muitos falam, até parece que só os fumantes morrem, o que é uma grande enganação. Todo mundo vai morrer um dia de alguma coisa, fume ou não.

– O fato de sermos mortais não é motivo para não olharmos para os dois lados quando atravessamos uma rua. Existem causas de morte que são conhecidas, explicadas e, acima de tudo, evitáveis. Tem todo o sentido tomar vacinas, usar cinto de segurança, não fumar. Mesmo continuando a ser mortal.

– *Faltou falar de um aspecto seriíssimo e importantíssimo sobre o assunto, que deveria ser suficiente pra muita gente parar de fumar... ou nem começar.*

– *O que é?*

– *Fumante fede.*

Pois.

12. ENTRA O ÁLCOOL, SAI A VERDADE?

DE TODAS AS DROGAS QUE afetam o comportamento e o estado de espírito, o álcool é provavelmente o mais antigo companheiro do homem: há indicações de seu uso desde o período paleolítico.

O suco de qualquer fruta ou caule que contenha açúcar, se deixado ao ar livre, sofre a ação de micro-organismos que digerem o açúcar por um processo chamado de fermentação, cujo resíduo químico é o álcool. Isto é, o álcool é uma espécie de lixo, de sobra, do açúcar que os fermentos destruíram.

Quando o álcool contido nessa mistura de suco de frutas e resíduos atinge uns 15% de concentração, a ação dos micro-organismos é inibida, e o processo se interrompe. Assim, o máximo de concentração alcoólica que se pode obter por fermentação fica perto de 15%.

Portanto, se é verdade que o homem conhece o álcool desde a Pré-História, o teor alcoólico das bebidas que ele podia produzir era razoavelmente baixo, como ainda é o das bebidas fermentadas, como vinhos e cervejas, fabricados até hoje por esse mesmo processo. A cerveja tem 4% a 5% de gradação alcoólica, os vinhos brancos têm de 8% a 10%, e os tintos raramente ultrapassam os 14%.

Por volta do século IX foi criado o processo de destilação, pelo qual se obtêm bebidas de dosagem alcoólica mais elevada. A destilação consiste em aquecer a bebida produzida por fermentação até que ela ferva e se transforme em vapor. Em seguida esse vapor é resfriado, para que se torne novamente líquido. Como o álcool ferve a uma temperatura mais baixa do que a água (isto é, ele ferve antes), o vapor que se forma no início da fervura de uma bebida fermentada contém mais álcool do que água. Quando esse vapor é resfriado, o líquido resultante tem uma concentração de álcool mais alta do que a mistura original. É assim que se produzem as bebidas destiladas, como a vodca e o uísque.

Bebida alimenta?

Nesse processo de fervura e resfriamento, perdem-se muitas das vitaminas e dos sais minerais que estavam presentes na bebida fermentada, de modo que as bebidas destiladas fornecem uma contribuição nutritiva ainda menor que as fermentadas. Como agravante, produzem uma sensação de saciedade que leva a pessoa a comer quantidades menores de alimentos nutritivos.

Ou seja, não é bem verdade que o álcool não é um alimento. De fato, ele é um alimento, mas um mau alimento, com péssimas características nutricionais. Sua digestão produz calorias, mas não fornece matéria-prima para a construção de tecidos do corpo.

Em geral, o alcoólatra se alimenta mal e padece de carências nutricionais, principalmente de vitaminas. Os alcoólatras estão especialmente sujeitos ao beribéri, uma doença grave provocada pela falta de vitaminas do complexo B.

Mas o álcool não engorda?

A ingestão contínua de álcool, em detrimento dos outros alimentos de uma dieta, pode fazer a pessoa aumentar de peso, não por um aumento dos tecidos do corpo, mas principalmente pelo acúmulo de água neles. Isto é, não há aumento de células, mas um inchaço permanente. No caso da barriga do bebedor de cerveja, há ainda outro mecanismo em jogo: a associação da grande quantidade de gás que a bebida contém com certa porcentagem de açúcar que não foi todo transformado em álcool pode engordar.

Quem é alcoólatra?

A imagem de que o alcoólatra é um pobre e infeliz maltrapilho, de nariz vermelho e olhos injetados, sentado à beira da sarjeta, é falsa e preconceituosa. Serve apenas para sugerir a ideia de que o alcoolismo é um problema distante da gente, já que não nos enquadramos nessa descrição. Somos gente de família, usamos roupas limpas e adequadas, frequentamos escola, temos trabalho e acreditamos que não corremos nenhum risco de nos transformar naquele farrapo humano. Nosso elegante e adulto hábito de beber todas as noites não tem relação com o alcoolismo. Alcoólatras são os outros, nós somos outra coisa, e o alcoolismo é problema deles.

Nada disso.

A maioria dos alcoólatras não tem nada a ver com essa figura. São iguais a você, a mim, a nossos amigos, parentes e vizinhos. Alcoólatra serei eu ou seu amigo, se bebermos demais e sempre.

Como assim?

No caso do álcool, a definição de quem é ou não é dependente tem contornos mais sutis do que o das outras drogas, já que beber com moderação é um hábito aceito e até encorajado em nossa sociedade. Os indivíduos totalmente abstêmios chegam a ficar marginalizados ou são considerados chatos.

Pesquisas científicas até demonstram que a ingestão moderada de álcool, sob a forma de vinho tinto, ajuda a prevenir doenças cardíacas. O problema é que não se define com precisão o que significa "ingestão moderada". Tem gente que até esconde bem os efeitos do álcool: é moderada no jeito de beber, mas não na quantidade ou frequência.

O alcoolismo é hereditário?

Todas as características físicas ou mentais resultam da interação dos genes com o ambiente. Nenhuma característica se expressa sem a contribuição dessas duas influências. Assim, quando dizemos que um traço como cor dos olhos é hereditário, isso significa que a variação dessa característica depende mais da composição genética do que do ambiente. Já um traço como "falar italiano" depende da contribuição ambiental, no sentido de que todos os seres humanos normais têm, em sua bagagem hereditária, os genes que garantem a possibilidade de falar (que os macacos não têm), de modo que a diversidade de idiomas que as pessoas falam depende dos ambientes a que elas estão expostas. A maioria das características situa-se entre esses dois extremos (cor de olhos e aprendizagem de idiomas) no que se refere à contribuição relativa de fatores genéticos e ambientais.

É fácil perceber que o alcoolismo depende do ambiente: se não houvesse exposição a bebidas alcoólicas, ninguém seria alcoólatra. Mas será que, além das óbvias influências da educação e do tipo de vida, existem diferenças genéticas que tornariam a dependência do álcool mais provável em algumas pessoas?

Pesquisas compararam, por exemplo, a frequência de alcoolismo entre gêmeos idênticos (que viviam no mesmo ambiente e tinham os mesmos genes) e gêmeos fraternos (que também partilhavam do mesmo ambiente, mas tinham bagagens hereditárias diferentes). Outras pesquisas compararam a incidência de alcoolismo entre filhos de alcoólatras que, por terem sido adotados por outras famílias logo ao nascer, não conviveram com os pais alcoólatras e a incidência de alcoolismo entre filhos adotivos de não alcoólatras.

Esses estudos sugerem que fatores genéticos têm parte importante no desenvolvimento do alcoolismo. Isso significa que, se duas pessoas não aparentadas forem expostas ao mesmo ambiente, pode ser que uma se torne alcoólatra e a outra não, em razão das diferenças genéticas entre elas. Mas não significa que a influência do ambiente não seja decisiva.

Já está também comprovado que o álcool ingerido durante a gravidez provoca danos em vários órgãos e sistemas do feto em desenvolvimento e que, depois do nascimento, essas crianças poderão apresentar, posteriormente, problemas de memória e de capacidade de concentração.

O sistema nervoso só atinge a maturidade quando o indivíduo tem por volta de 25 anos. Por isso, o impacto da ingestão de álcool no sistema nervoso do adolescente é maior do que no do adulto. Quanto mais cedo se dá o primeiro contato com a bebida, maior o prejuízo.

Quando é que vira dependência?

Alguns critérios permitem perceber que a relação com a bebida está escapando do controle, que o gosto está virando hábito e que o hábito está se transformando em dependência.

O sinal mais óbvio é o sujeito não ter mais poder de decisão quanto à hora de parar de beber. Mas isso é uma questão íntima do próprio bebedor, de modo que ninguém consegue saber se ele não está enganando – os outros ou a ele mesmo – com a clássica conversa de dependente de que "Paro com isso na hora que eu quiser, só que ainda não quero". E a fase da indefectível saideira, dita em tom de brincadeira: "Vou tomar só mais uma dose, pra não parar de repente". Quando esse papo furado se instala, boa parte do caminho para o alcoolismo já foi percorrida.

Há outros sinais de alerta, um pouco mais visíveis, como: beber sozinho ou beber escondido (a garrafa guardada no armário do quarto é uma bandeira e tanto, quase um pedido de socorro explícito). Ou, então, começar a beber logo de manhã.

Esses comportamentos são sintomas de dependência e anunciam o problema da mesma forma que nariz escorrendo e dor de garganta são sinais de gripe (ou, quando crônicos, podem também indicar uso exagerado de cocaína). Eles devem ser levados a sério.

Existem outros sinais?

Há mais um sinal, importantíssimo.

Sabe aquela história de só descobrir no dia seguinte, pelos amigos, que deu o maior espetáculo na festa da véspera? Não importa se foi um vexame ou um sucesso; o que conta é que você não tem a mais pálida lembrança do que aconteceu, desde o momento em que foi apresentado ao primeiro drinque até a hora em que acordou, no dia seguinte, com aquele gosto de cabo de guarda-chuva na boca e uma nuvem cheia de areia na cabeça.

Luzes da Cidade é um filme clássico de Charles Chaplin no qual Carlitos conhece um milionário que, quando bêbado, trata-o com o maior carinho e generosidade, como se fosse seu amigo mais íntimo, mais querido. Mas quando acorda de manhã, sóbrio, não se lembra de nada, muito menos de quem é aquele pobretão maluco que está dormindo em sua mansão.

Pois esse tipo de ausência, de branco total, é prenúncio de tempos difíceis, sinal inegável de que a relação com o álcool já está perigosa.

Depressor ou estimulante?

O álcool é um depressor do sistema nervoso central tão poderoso que, em emergências, chega a ser usado como anestésico.

Então, como é que a gente toma umas e outras pra se animar?

É que o efeito do álcool não se faz sentir sobre todo o sistema nervoso ao mesmo tempo: sua ação se faz progressivamente, atingindo um centro cerebral após outro. E a primeira região a ser atingida, isto é, deprimida, é a dos centros res-

ponsáveis pelas funções superiores, como pensamento abs-
trato, comportamento voluntário, censura. Com esse centro
deprimido, o comportamento fica mais solto, menos inibido,
e a pessoa se sente mais confiante, menos crítica.

Quer dizer que a gente fica mais alegre?

Não necessariamente. O efeito da primeira dose de álcool
é, em geral, o de soltar o que está inibido – e isso não tem o
mesmo significado para todas as pessoas, nem para a mesma
pessoa em diferentes situações. Os mais diversos comportamentos e emoções podem estar bloqueados e ser liberados
pelo álcool: o riso, o choro, o medo, o grito.

Então, depois de algumas doses, alguns ficam chorões;
outros, sonolentos; outros, ainda, brigões e assim por diante.
Não dá para saber com certeza o que vai acontecer. Isto é, as
pessoas ficam mais instáveis, mais imprevisíveis.

Algumas tarefas parecem até mais fáceis, mas ocorre em
geral um rebaixamento da crítica, o que leva a pessoa a dar-se
por satisfeita com menos esforço: os resultados parecem melhores ao olhar e na lembrança do beberrão. É sob essa luz
que devem ser encarados os relatos de façanhas sexuais olím-
picas, raramente confirmadas pelo parceiro.

Aliás, quanto ao propalado efeito afrodisíaco do álcool,
continua valendo o que Shakespeare colocou na boca de um
dos personagens de Macbeth, ato II, cena 3 (tradução de Ma-
nuel Bandeira):

> Macduff – *E que três coisas são essas que a bebida provoca tão
> especialmente?*

> O porteiro – *Ora, meu senhor, nariz vermelho, sono e vontade de urinar. Quanto à luxúria, a bebida incita-a e reprime-a ao mesmo tempo: provoca o desejo, mas impede-lhe a execução. Por isso se pode dizer que a bebida em demasia é um verdadeiro logro para a luxúria; pois suscita-a e frustra-a, instiga-a e corta-a, persuade-a e desanima-a, arma-a e desarma-a. Em conclusão: engambela-a, adormecendo-a; derruba-a e vai-se embora.*

Isso não deveria provocar estranheza, pois, se as fantasias (que os primeiros goles favorecem) são parte importantíssima do jogo sexual, a coordenação motora e o nível de alerta são essenciais para que a partida chegue a bom termo.

São justamente essas funções as que vão ser comprometidas logo a seguir. Depois de deprimir a autocensura, o álcool atinge a região motora do cérebro e a capacidade de concentração, de modo que as tarefas que exigem precisão e atenção ficam prejudicadas. O equilíbrio, a coordenação motora e o sentido de alerta viram fumaça. Ou melhor, vapores alcoólicos.

O ato do amor pede coordenação motora, equilíbrio e sentido de alerta, para acompanhar o que se passa, a cada instante, com o próprio corpo e com o corpo do parceiro. Assim, se o primeiro drinque pode efetivamente contribuir para a diminuição da tensão e favorecer o aquecimento de um encontro, doses posteriores inviabilizam o desempenho. Para se consolar, tem gente que inventa no dia seguinte, para quem não estava presente, fantasiosas façanhas compensatórias.

Mas quem estava lá sabe: depois de algumas doses, o sono se impõe, imperativo.

Um sono irresistível

Mas dormir pode ser perigoso.

A gente só sente os efeitos do álcool quando ele atinge o cérebro, e é longo o caminho que vai da mão que segura o copo até a cabeça: passa pelo estômago, pelos intestinos, pelo sangue.

Assim, quando a gente percebe que está tonto e sonolento e já está na hora de parar de beber, essa hora passou há muito, pois certa quantidade de álcool, que já foi ingerida, ainda está nas estações intermediárias (estômago, intestinos, sangue).

Isso significa que, quando o sujeito adormece embriagado, muito álcool ainda está sendo metabolizado, de modo que a situação vai piorar, talvez sem que ninguém se dê conta: o sujeito pode passar do sono ao estado de coma, e daí à morte, sem que se perceba. O estômago tenta livrar-se, esvaziando seu conteúdo, de uma digestão difícil provocada pelo álcool. Assim, a pessoa adormecida pode sufocar com o próprio vômito, correndo risco de morte. Esses acidentes não são raros. Por isso deve-se evitar que uma pessoa alcoolizada adormeça. Mas, caso isso aconteça, deve-se fazer ao menos que ela durma sentada.

O café forte oferecido aos beberrões em tantas cenas de filmes, ainda que não tenha o poder de "cortar" a bebedeira, é útil por ser um leve excitante do sistema nervoso, que diminui o sono e ajuda a manter o sujeito acordado por mais tempo.

Obrigar a pessoa a movimentar-se e molhar seu rosto e têmporas com água fria são medidas que também ajudam, embora não resolvam o problema, pois nada disso altera a quantidade de álcool que já foi ingerida. Nem melhora a perspectiva da ressaca.

Ressaca moral

Muitas vezes, o pior do dia seguinte não é a dor de cabeça nem as náuseas, mas a sensação de ter passado dos limites, de ter sido indelicado com os amigos, inconveniente com estranhos. De ter se metido em brigas sem sentido, de ter dito o que não deveria e ouvido o que não queria, embora bem que merecesse.

É dolorosa a ideia de ter perdido o controle. Na maioria das vezes, as sequelas de uma bebedeira noturna desaparecem com o mal-estar da manhã, mas a perda de controle pode ter consequências irreversíveis se forem feitas algumas misturas fatais.

Misturas fatais?

Álcool e o volante de um carro, por exemplo. Ou álcool e uma arma.

Dirigir sob o efeito do álcool é um risco e uma falta de respeito com a própria pessoa e com o outro, pois controlar um carro exige aguçado sentido de alerta e coordenação motora precisa. Uma alta porcentagem de acidentes ocorre por falha de motoristas alcoolizados. Existem leis para proibir que as pessoas dirijam sob efeito do álcool, com punições rigorosas e controle efetivo, que ajudam a diminuir acidentes. Mas motoristas embriagados ainda continuam provocando atropelamentos e colisões.

A seção policial dos jornais mostra que muitos crimes são praticados por pessoas que ingeriram bebidas alcoólicas. Não me refiro a matadores profissionais, que bebem enquanto estão na tocaia, esperando sua vítima, nem a ladrões que bebem antes de um assalto e podem atirar em quem os surpreende roubando. Nesses casos, a bebida entra como simples complemento – os crimes provavelmente ocorreriam mesmo sem ela.

As histórias mais dramáticas são as de gente simples e pacata que sem o álcool não faria mal a ninguém, mas que se exalta sob o efeito da bebida e pode matar por qualquer bobagem. Numa situação assim, basta que o acaso coloque uma arma ao alcance dessas mãos sem controle. Em geral as vítimas são familiares ou amigos do criminoso. Gente que ele, em condições normais, estima e respeita. Todas vítimas de um mesmo enredo.

Beber para esquentar funciona?

Um dos efeitos imediatos do álcool é uma dilatação dos vasos sanguíneos periféricos. É por isso que a gente fica corada quando bebe. E é isso que provoca uma momentânea sensação de calor.

No entanto, esse afluxo de sangue para a superfície do corpo aumenta a perda de calor. Em situações de frio intenso, a distribuição de calor pelo organismo tem de privilegiar as áreas mais importantes, nas quais o calor é mais necessário. Não deve haver desperdício pela dissipação do calor através da pele. Assim, nas condições de hipotermia, as pessoas ficam mais pálidas, pois os capilares sanguíneos da pele contraem-se, para diminuir o fluxo de sangue para a superfície do corpo e poupar calor.

Ou seja, aquele lendário cão são-bernardo que atravessa as regiões geladas dos Alpes carregando um barrilzinho de conhaque para socorrer os viajantes perdidos no frio melhor faria se levasse chocolate em vez de uma bebida alcoólica. A ingestão de álcool pode dar uma passageira sensação de bem-estar, mas apressa a morte por congelamento se a pessoa não for transportada para um ambiente aquecido. Para efetivamente produzir calor (e não a ilusão de aquecimento) é preciso ingerir alimentos cuja digestão libere calorias, como açúcar ou leite. Por isso um chocolate quente é tão revigorante depois que a gente esteve passeando no frio por algum tempo.

O conhaque só funciona se tomado dentro de casa, depois que a pessoa se agasalhou bem, pois daí não existe o problema da perda de calor por dissipação. Portanto, a missão do simpático são-bernardo só terá sucesso se, depois que o enregelado tomou a bebida do tal barrilzinho, vier alguém para carregá-lo para dentro de um chalé quentinho e lhe oferecer uma xícara de chocolate fumegante.

Em longo prazo, o que o álcool faz?

O álcool é a droga cujo uso crônico acarreta os maiores problemas ao organismo, tanto na frequência quanto na gravidade.

Um dos primeiros efeitos costuma ser uma gastrite (irritação da mucosa que recobre o estômago). Logo depois, o álcool provoca elevação da pressão arterial, e manifestam-se problemas em outros órgãos. Por carência de vitaminas, os alcoólatras têm baixa resistência imunológica e são especialmente sujeitos a infecções.

São comuns as doenças do sistema digestório, a hepatite (infecção do fígado), a cirrose (doença degenerativa do fígado) e a miocardite (doença que atinge o músculo cardíaco), além de problemas ligados diretamente ao sistema nervoso, como lesões cerebrais e alterações da memória. Um órgão muito afetado pelo uso crônico do álcool é o pâncreas, responsável pela digestão das gorduras; a pancreatite é uma doença dolorosa, além de gravemente debilitante e muitas vezes fatal.

Outro efeito do uso do álcool em longo prazo é a impotência sexual. A ereção é o resultado de um processo delicado e complicado que envolve o sistema nervoso e o aparelho circulatório e é incompatível com os distúrbios circulatórios decorrentes do alcoolismo.

Entretanto, em comparação com as outras drogas, os problemas provocados pelo álcool levam um tempo longo para se manifestar. Em geral, as complicações mais graves podem levar anos para aparecer.

Uma ressaca que mata

A síndrome de abstinência provocada pela interrupção abrupta do uso do álcool só é ultrapassada, em intensidade e gravidade, pelos problemas decorrentes da abstinência da heroína.

A forma mais leve da síndrome é a ressaca comum. Tanto que uma das fórmulas recomendadas para combatê-la é tomar uma cerveja. Pode até funcionar em curto prazo, mas seria temerário continuar bebendo indefinidamente apenas para manter o teor alcoólico do sangue. Em algum momento, o mal-estar provocado pela bebida sobrepõe-se ao incômodo da abstinência.

A forma mais grave da síndrome, chamada *delirium tremens*, pode levar à morte. Fortes tremores pelo corpo, desorientação temporal e espacial, alucinações, delírios e convulsões exigem tratamento médico e, em geral, internação em hospital.

Alerta! Alerta!

O álcool tem sido usado de forma perigosa em famigerados trotes de calouros e em festas de estudantes. No primeiro caso, os novos colegas (?!) são obrigados (muitas vezes são até fisicamente constrangidos) a ingerir quantidades absurdas de bebidas alcoólicas, com consequências sempre humilhantes e penosas, às vezes fatais, como já aconteceu mais de uma vez.

Em festas de universitários, por exemplo, os convidados são induzidos a entrar em concursos brutais, em que os participantes ingerem destilados fortes, como vodca ou cachaça, em ritmos alucinantes e quantidades perigosas. Vence quem resistir por mais tempo.

Alguns vencedores não viveram para desfrutar da pretensa vitória.

Espelho da alma?

Somos habitados por toda a população do zoológico e também pelas hostes celestiais e por todas as estirpes de guerreiros e deuses, e por todos os príncipes e princesas e bruxas e dragões do reino da fantasia. Isto é, cada ser humano traz dentro de si, como possibilidade de ser, toda a gama do bem e do mal, do mais infernal ao mais sublime. Não temos uma verdade, mas muitas verdades, e todas fazem parte do nosso repertório, embora não em pé de igualdade.

Algumas pessoas têm o dom de despertar em nós o que consideramos o nosso melhor lado: com elas, nos sentimos vivos, brilhantes, interessantes. Em geral, é por elas que a gente se apaixona. (Às vezes, como Narciso, a gente se apaixona mesmo é pela nossa imagem, refletida nesses olhos benfazejos.) Com outras pessoas, porém, nos sentimos malignos, mesquinhos, infelizes, como se o encaixe se fizesse pela nossa pior faceta, como se nos tornássemos uma caricatura de nós mesmos.

Talvez o álcool tenha o poder de desvelar diferentes personagens que vivem em nosso mundo interior, inclusive aqueles que conhecemos pouco. Isso não significa que esses personagens sejam mais verdadeiros ou mais profundos do que os outros com quais temos familiaridade. São apenas menos conhecidos.

• • •

– *Quando você fala dessas "brincadeiras" de festas e trotes, fico até arrepiada! Será que essa gente não aprendeu que, pra ser brincadeira de verdade, todo mundo tem de se divertir, não só uma parte da turma? Por que você não explica isso pro leitor? Quem sabe ajuda a diminuir essas "brincadeiras" agressivas... E você devia aproveitar, já que está falando das bebedeiras, pra dar uns bons conselhos pro leitor.*

– *Que tipo de conselho?*

– *Ora, pra ele não beber em jejum, que faz mal para o estômago; pra beber devagar, senão o p.t. (perda total) é pior; pra beber bebidas diluídas, que fazem menos mal... Enfim, essas sabedorias de botequim.*

– *Não, não vou dar conselho nenhum. Não acredito em dar conselhos, acho que não funciona. Ninguém liga pra conselhos, acho que não servem pra nada, eu...*

– *Então pra que escrever o livro? Melhor ir todo mundo pra praia, ué.*

13. MACONHA – A CONTESTAÇÃO ENQUADRADA

O mito de que os produtos naturais são simples e não fazem mal a ninguém é cabalmente desmentido pelo arsênico e pela maconha. A resina dourada secretada pela floração da *Cannabis sativa* contém mais de 400 substâncias químicas diferentes, nem todas identificadas, nem todas isoladas.

O princípio ativo responsável pelo efeito alucinógeno tem o pomposo nome de delta-9-tetra-hidrocanabinol, mas responde também pelo apelido de THC. Ao penetrar nos pulmões, a fumaça é absorvida pela extensa rede capilar ali presente. Dos pulmões, a droga atinge a circulação cardíaca e é rapidamente absorvida pelo cérebro. Só mais tarde chega ao fígado, onde é metabolizada. A droga pode ainda ficar depositada em alguns órgãos e ser liberada na corrente sanguínea muito tempo depois, o que explica o aparecimento tardio dos efeitos da maconha (fenômeno conhecido como flashback).

A maconha chegou a ser usada como remédio na convalescença da tuberculose, por exemplo, para estimular o apetite. Atualmente o canabidiol (um dos componentes da planta) é utilizado para ajudar a combater a náusea provocada pela quimioterapia e a inapetência associada à aids e para induzir o sono em processos de hibernação, no caso de pacientes terminais. O canabidiol vem sendo usado também em crianças com epilepsia, para reduzir convulsões.

Há muitas lendas a respeito da maconha, tanto entre os que defendem como entre os que condenam seu uso. Durante uma época, essa droga virou uma espécie de bandeira, de símbolo, que dividia a humanidade em dois partidos: os liberados (na verdade chamados de "loucos", como se isso fosse um elogio) e os caretas. Era só puxar esse tema, numa roda de conversa, para descobrir de que lado dessa linha cada um se colocava.

E você, onde se coloca? Você é dos que acreditam que um bom baseado é a chave para entrar no paraíso? Ou está entre os que acham que basta entrar em contato com essa droga para ganhar um passaporte para o inferno?

Vamos falar claro.

Entre os numerosos efeitos atribuídos à maconha, alguns foram confirmados, outros continuam sem comprovação e outros foram descartados. No entanto, o que se divulga tem pouco a ver com as pesquisas científicas e parece atender mais a motivações pedagógicas ou publicitárias. Mas não creio que seja possível (nem desejável) ensinar por meio de mentiras ou engodos.

O que a maconha não faz

Então. A maconha não induz ao crime nem torna a pessoa mais agressiva. E não representa, necessariamente, o primeiro degrau numa escalada das drogas.

Ainda assim, essas alegações não vieram do nada; por alguma razão os mitos são esses e não outros. Vamos tentar entender qual é o fogo por trás da fumaça.

Maconha e criminalidade

Essa é fácil: ninguém compra maconha na farmácia nem no pipoqueiro da escola (apesar das lendas que dizem o contrário). O traficante da droga, ainda que seja seu colega ou seu primo, para conseguir a maconha tem de tangenciar algum ponto da teia da marginalidade. Provavelmente vem daí a associação entre maconha e criminalidade, pois o efeito da droga em si não leva ninguém a cometer crimes.

Para os defensores da maconha, esse é um argumento a favor da liberação da droga, sob a alegação de que, se ela pudesse ser comprada em supermercados, com nota fiscal e tudo, esse problema não existiria. E, com isso, ainda se conseguiria aumentar a arrecadação de impostos, quem sabe diminuir o desemprego e acabar com o analfabetismo. Quem sabe não iria até diminuir a mortalidade infantil? E nos ajudar a pagar a dívida externa? E aumentar os dias de sol em São Paulo? E diminuir a poluição dos rios e a destruição de florestas?

Viu como é fácil dizer besteira quando se trata desse assunto?

A argumentação contrária não diz que a liberação diminuiria o uso da droga. Quem defende a legalização da maconha não tem por objetivo diminuir o uso da droga, mas diminuir o submundo do crime que sustenta esse comércio. A preocupação é diminuir a violência ligada ao tráfico. Para diminuir o uso, o caminho é a informação e a prevenção.

Maconha e agressividade

Essa relação é mais difícil de entender, pois a maconha é um relaxante muscular e não seria recomendável alguém provocar uma briga com a musculatura relaxada: na certa levaria uma surra.

Só se estiverem pensando na agressividade que toma conta da moçada quando discute esse assunto com os pais. Mas daí não dá pra saber o que é efeito da droga e o que é efeito dessa briga de amor e ódio em que se transforma qualquer conversa com os pais nesse momento da vida. Nessa fase a agressividade parece espreitar por detrás de qualquer assunto, desde temas polêmicos – como a droga ou o aborto – até os que são aparentemente banais e neutros, como a previsão do tempo e a novela das nove.

Maconha e a escalada das drogas

Pesquisas feitas no final da década de 1980, no Brasil e nos Estados Unidos, revelaram que a maconha não é, na maioria dos casos, a primeira droga a ser experimentada. Antes dela, os adolescentes conhecem o álcool e as drogas voláteis (lança-perfume, benzina, cola de sapateiro).

Mas os adultos dificilmente sabem das aventuras dos filhos com os voláteis e quase sempre consideram normal a experiência com o álcool, como se fosse parte do desenvolvimento de qualquer um e não um degrau na escalada das drogas. Afinal, dizem muitos deles que tomar o primeiro porre é como perder o primeiro dente: marca uma passagem obrigatória para todos os indivíduos de nossa cultura.

Não é bem assim.

O que a maconha faz

Os efeitos da maconha dependem da quantidade, da forma de preparação, da via pela qual é consumida, da sensibilidade de quem usa a droga, das condições em que é usada, do significado que a experiência tem. Como, aliás, acontece com todas as substâncias, até com o açúcar e a água.

Os efeitos físicos imediatos da maconha não são extraordinários: ligeira taquicardia (os batimentos cardíacos passam a 140 a 160 por minuto, quando o normal é 80 a 100), secura na boca e vermelhidão nos olhos. Nada disso é muito terrível. Mesmo a aceleração dos batimentos do coração não chega a ser fora do comum: durante um orgasmo ou numa corrida forçada, o ritmo cardíaco pode atingir 180 batidas por minuto.

Assim, a menos que exista uma doença não diagnosticada do coração, não se pode dizer que o uso da maconha coloca em risco a vida do sujeito. Não há registros de morte por overdose de maconha, nem isso parece representar uma possibilidade real.

Mas não se pode considerar inócua uma substância que afeta a tal ponto o sistema nervoso autônomo. É verdade que essas alterações ocorrem em situações normais da vida, como o orgasmo ou a corrida, mas essas atividades representam esforços físicos bastante violentos. Uma substância que provoque as mesmas alterações num organismo em repouso não pode ser considerada inofensiva.

Mas tem alguma consequência grave depois de muito tempo de uso?

Atualmente se sabe que a maconha pode causar dependência. Com o uso prolongado, a ausência da droga pode provocar sintomas de abstinência (insônia, irritabilidade, tremores e náuseas) e dificuldade de concentração e de memorização. Mas o que se entende por "longo prazo"? O que poderia ser considerado uso crônico da maconha? Um consumo continuado de meses? Ou de anos? Mas o que quer dizer "continuado"? Todos os dias? Todas as semanas?

As diferentes maneiras de definir essas variáveis são responsáveis pela discrepância de conclusões a respeito dos efeitos da maconha em longo prazo. Também interferem as diferenças de ênfase, que ficam por conta dos conceitos e preconceitos de quem analisa os resultados das pesquisas.

De um modo geral, podemos afirmar que, com o uso continuado por longo prazo, a maconha provoca uma redução das defesas imunológicas, o que deixa o organismo mais vulnerável a todos os tipos de infecções. Num organismo já enfraquecido por desnutrição ou por outras condições, esse efeito é importante.

Foi constatada uma diminuição do hormônio testosterona, responsável pelas características sexuais masculinas. Isso não faz com que o sujeito comece a falar fino, mas pode provocar uma redução da taxa de espermatozoides, com consequente diminuição da fertilidade. Entretanto, em adultos, o efeito é reversível após algumas semanas da interrupção do uso da droga. Não há dados de pesquisas que permitam concluir se esse efeito também é reversível quando a droga é usada antes que o organismo tenha completado seu desenvolvimento. Ou seja, adolescentes e gestantes são indivíduos especialmente vulneráveis.

Maconha é pior que cigarro?

Sobre os pulmões, a maconha tem um efeito semelhante

ao do cigarro de tabaco. As folhas da maconha contêm uma quantidade de benzopireno maior do que as do tabaco, e o benzopireno é uma das principais substâncias responsáveis pelo câncer do pulmão. A fumaça da maconha é irritante para os brônquios e pode provocar problemas respiratórios. O uso contínuo de um ou dois cigarros de maconha é suficiente para causar o mesmo prejuízo aos pulmões que o provocado pelo uso contínuo de 20 cigarros de nicotina por dia. Isso porque o alcatrão da maconha contém mais elementos nocivos do que o do cigarro comum e também porque a maconha é inspirada mais profundamente e permanece por mais tempo em contato com os pulmões.

Maconha se come?

Questão de gosto. Existem bolachas temperadas com maconha, as chamadas bolotas de haxixe, que podem ser ingeridas. Por essa via, a absorção é mais lenta, os efeitos demoram mais para se manifestar (cerca de 40 minutos), duram mais (de 3 a 12 horas), mas têm cerca de 1/3 da intensidade do efeito da mesma dosagem quando introduzida pelos pulmões.

Fumada, a maconha atua após 10 minutos, com um pico de efeito por volta dos 30 minutos, que declina em aproximadamente 1 hora, embora os sujeitos possam continuar com sensações alteradas por 3 a 4 horas.

Maconha se injeta?

Como o THC não se dissolve em água, a maconha não se presta a ser injetada. Mas a substância é solúvel em gordura e tende a acumular-se nos tecidos adiposos do corpo. O cérebro contém uma alta concentração de gordura.

A maconha é metabolizada no fígado e eliminada pelas fezes e pela urina, onde o THC pode ser detectado até 3 dias após a interrupção do uso. Entretanto, se a substância foi usada em dosagens elevadas, traços dela podem ser encontrados até semanas depois da última experiência, porque a maconha leva mais tempo para ser liberada quando as reservas de gordura do corpo estão impregnadas.

Mercadoria suja

A maconha solta e recém-colhida tem de ser consumida logo, porque resseca depressa ou, se estiver muito úmida, mofa. Os traficantes costumam prensar a droga, para que ela se conserve por mais tempo. Como a ureia é uma substância que diminui a possibilidade de mofo da maconha, mantendo-a razoavelmente umedecida, é comum o pessoal do tráfico urinar em cima do pacote, para poder guardá-lo por mais tempo.

Isso faz com que, muitas vezes, a droga exale um forte odor de amoníaco.

Afinal, quando a maconha provoca dependência?

A maconha induz um apego psicológico, mais do que dependência química. Isto é, a persistência em usá-la está mais relacionada a fenômenos psíquicos do que fisiológicos. Assim, a importância que a droga tem e a posição que as experiências com ela ocupam na vida do sujeito têm uma influência importante sobre o grau de dependência que se instala.

A tela sobre a qual se projeta qualquer experiência da vida

define, em grande parte, a influência que ela vai ter. O encontro com uma pessoa atraente e interessante promove um tipo de enredo para quem está solitário e infeliz e outro, completamente diferente, para quem está ancorado numa parceria plena de vida e de possibilidades.

Pois então. A maconha pode ter alto poder viciante quando usada por alguém cuja vida está pobre de experiências e de afetos, curta de esperanças e projetos. E pode ser apenas uma experiência passageira para quem vive intensamente, mobilizado por múltiplos interesses, amparado por ligações permanentes e significativas.

Mas como é o barato?

A maconha é mais um espelho que reflete a imagem daquilo que vai pela mente do fumante do que uma tela de TV que transmite uma imagem gerada em outro lugar. Assim, o filminho que vai passar na hora da experiência com a droga tem a ver com as emoções que estão dentro do sujeito e não com imagens que a droga teria o poder de criar.

Ou seja, a maconha tende a intensificar o estado de espírito do momento, funcionando como um amplificador das sensações internas: uma vaga sensação de tristeza pode se transformar numa profunda melancolia; uma história apenas engraçadinha pode ficar hilariante e provocar gargalhadas incontroláveis; uma ligeira ansiedade diante de uma experiência nova pode transformar-se em um sentimento de terror. Como não dá para encomendar um estado de espírito, ninguém pode garantir que só vai ter pensamentos agradáveis. Por isso, há sempre o risco de que a experiência se transforme num pesadelo.

A maconha também altera a discriminação do espaço e do tempo. O aqui e o agora podem ficar imensos e eternos, como se o tempo parasse e o espaço se estendesse até o infinito. Em consequência, um pequeno cômodo pode ser percebido como uma enorme caverna. Essa perturbação pode ter implicações perigosas se o sujeito se atrever a dirigir um veículo ou a se sentar no parapeito de uma janela do nono andar.

A dilatação da sensação interna da passagem do tempo faz com que 1 minuto pareça 2... ou 10. Isso, associado à intensificação de uma emoção desagradável, pode provocar uma *má viagem*, experiência especialmente penosa, que pode ser assustadora tanto para quem passa por ela como para quem a presencia.

Essas sensações penosas têm maior probabilidade de ocorrer com um iniciante, que estará no mínimo tenso diante do desconhecido, talvez aflito por participar de uma experiência clandestina e ilegal. Sob o efeito amplificador da droga, a tensão pode virar desespero e a aflição pode virar pânico. Experiências desagradáveis como essas tendem a influenciar o efeito da droga em situações posteriores. Acontecimentos penosos, vividos antes da experiência, também podem induzir sensações desagradáveis.

Daí complica

O skank (também conhecido como supermaconha) é uma espécie de maconha cultivada em laboratório, com efeito concentrado. Ao contrário da maconha, o skank se desenvolve em água e não na terra. O princípio psicoativo é o mesmo nas duas drogas: o tetra-hidrocanabinol (THC). Na maconha, a concentração percentual de THC nas folhas, flores e frutos prensados fica em torno de 2,5%; no skank, pode ser de até 17,5%. Com isso, é muito menor a quantidade necessária para a planta modificada produzir a mesma sensação que a maconha.

Os efeitos do skank no organismo também são os mesmos da maconha, porém exacerbados: altera o funcionamento dos neurônios e diminui a concentração. As alterações de serotonina e dopamina no organismo provocam dificuldades de memória e de coordenação motora. Os usuários desenvolvem ansiedade, e a possibilidade de dependência é bem maior em comparação com a maconha comum. Da mesma forma que a maconha, o skank provoca excitação, aumento de apetite por doces, olhos vermelhos, pupilas dilatadas, alucinações e distúrbios na percepção de tempo e espaço.

Outro derivado da *cannabis* é o haxixe (a quem Baudelaire dedicou um de seus poemas), muito usado por artistas franceses do século XIX. Para sua produção é feito um macerado das inflorescências da *cannabis* (resina viscosa que cobre as flores e folhas mais altas), obtendo-se assim um produto com uma concentração maior do THC.

Os sintomas do uso a curto prazo incluem dilatação dos brônquios, tosse e boca seca. Outros efeitos são a diminuição dos reflexos, sonolência e alterações da memória. O uso a longo prazo leva à perda da capacidade de concentração, diminuição da defesa a infecções e até câncer de pulmão.

Companheiro numa má viagem

Se você estiver perto de uma pessoa que está em pânico por ter embarcado numa dessas más viagens, não entre em pânico junto com ela. Nada do que você fizer ou disser vai mudar o roteiro da viagem interna que a pessoa está percorrendo, mas algumas atitudes podem tornar a trajetória menos desconfortável.

Em alguns casos, surge uma sensação de desdobramento: a pessoa sente que uma parte dela está de fora, observando, enquanto a outra parte está passando pela experiência. Isso pode ser perturbador para quem tende a se sentir culpado ou perseguido.

O mais assustador numa situação dessas é a sensação que a pessoa tem de estar enlouquecendo, de que nunca mais voltará ao normal. O indicado nessa situação é tranquilizá-la, sem alterar o tom de voz, dizendo calma e pausadamente que esse pesadelo vai passar, que é assim mesmo, que ninguém vai abandoná-la, que tudo vai ficar bem.

Convém evitar o excesso de estimulação. É melhor manter o ambiente calmo, com luzes baixas e pouco barulho. E acredite no que você está dizendo: o quadro pode ser assustador, mas não há motivo para perder a cabeça.

• • •

– *Mãe, você me surpreende!*

Acho ótimo surpreender filho, coisa difícil de acontecer! Em geral eles sabem tudo o que a gente vai dizer antes mesmo de abrirmos a boca. Onde será que acertei dessa vez?

– *Como assim, surpreende? O que você esperava de mim?*

– *Esperava que você fosse um pouco mais fechada, menos compreensiva, menos liberal... Como, afinal, a maioria dos adultos que fala com a moçada. Até acho que você devia falar mais claro e contar direitinho pro seu leitor os riscos que ele corre se usar maconha.*

– *Mas, filha, não foi exatamente isso que eu fiz no capítulo inteiro?*

– Não, não fez. Você não falou que ele pode apanhar da polícia, ser humilhado e extorquido, ir parar numa delegacia cheia de bandidos perigosos e tudo o mais. Tem de falar do pesadelo que a vida pode virar se o cara for pego com um pacotinho de bagulho, tem de falar das leis e dos jogos e da sujeira que estão por trás disso tudo. Fico com raiva só de falar!

– De onde vem tanta raiva? De que sujeira, de que jogos você está falando?

– De muitos. Dos que a polícia faz, às vezes, com a moçada, para criar a maior situação de pânico, só pra mostrar a força que tem. Dos jogos que o carinha que traz a maconha pra turma faz com todo mundo, pra se sentir poderoso. Esse cara, em geral, não é nem muito inteligente, nem muito bonito, nem muito interessante, nem muito nada. Mas vira líder: o mais respeitado, o mais esperado, o mais badalado, só porque é o cara que arranja a droga pra turma. E ele se vale disso, manipula todo mundo. HORRÍVEL!

– Mas é assim com tudo neste nosso mundo. As pessoas encontram os mais estranhos caminhos para se sentir importantes, para acreditar que são aceitas, amadas. Esse jogo do poder é só disfarce para a fragilidade, as pessoas são desajeitadas com suas fraquezas, elas...

– Para, mãe! Você é maluca, todo mundo pra você é frágil, carente, tudo pra você tem desculpa. Você é boazinha demais, romântica demais. Diga logo que drogas é uma droga, poxa! E é bom você contar direitinho como são as leis sobre a maconha, para o carinha saber em que confusão está se metendo. O pessoal é inconsequente, nem sabe com o que está se envolvendo. E quando alguém fala desse assunto é de um jeito tão exagerado, tão alarmista que nem dá pra escutar. A gente logo vê que é conversa de encomenda, só para impressionar e botar medo. Daí ninguém nunca fica sabendo de nada direito.

– *Mas então eu teria que falar das leis de todas as outras drogas também, e isto viraria um livro sobre legislação de drogas, não sobre drogas. Eu já acho este capítulo da maconha comprido demais, tinha é que cortar alguma coisa, não aumentar.*

– *Nada disso, não vai cortar nadinha! Este é o capítulo mais importante do seu livro. Tem carinha que vai abrir no sumário para procurar direto o capítulo da maconha, e é capaz de ler só isso e acabou. Melhor dar todo o seu recado neste capítulo, porque esta pode ser a sua única chance de encontro com o leitor.*

Mas eu não acho nada disso e não vou escrever sobre nenhuma lei. Afinal este livro é meu. A Filha que escreva o livro dela e ponha nele as leis que quiser.

14. COCAÍNA - A DROGA PRODUTIVA

PARA DIMINUIR SENSAÇÕES DESAGRADÁVEIS DE fome e cansaço, os índios andinos aprenderam a mascar uma mistura de folhas de coca com óxido de cálcio (cal), que ajuda a liberar a cocaína das folhas e reduz o sabor amargo delas. Embora esse tipo de uso date de milhares de anos, até hoje se discute se a coca, ingerida assim, induz dependência e tolerância e se os nativos dos Andes que usam a droga desse jeito devem ou não ser considerados dependentes.

Levada para a Europa pelos conquistadores espanhóis, a coca foi elegantemente usada nos salões da época, sob a forma de vinho, considerado revigorante e reconfortante.

Quando, em 1857, um químico alemão conseguiu isolar a cocaína, que é o princípio ativo da droga, o poderoso pó branco atraiu o interesse da comunidade científica, seduzida pela possibilidade de estar diante de uma substância com propriedades medicinais inéditas, que poderia mitigar males até então incuráveis. Na época, a principal indicação era para o tratamento da melancolia.

Freud, no final do século XIX, participou de pesquisas com a cocaína, acreditando que ela poderia servir de cura para a depressão. Ele próprio chegou a usar a droga, da qual passou a ser um adepto entusiasmado, até que um amigo íntimo, que tinha usado a cocaína por indicação dele, apresentou sintomas de um quadro psicótico.

Nessa época a droga era vendida livremente em restaurantes e cafés e entrava na composição de tônicos e remédios, ainda que isso nem sempre estivesse declarado nos rótulos e nas bulas.

Quando a Coca-Cola foi lançada nos Estados Unidos, em 1888, sua propaganda anunciava que ela continha um "marcante agente terapêutico, capaz de aliviar a dor de cabeça e o cansaço". Parece que a primeira fórmula da bebida incluía certa dosagem de cocaína, mas esta foi retirada depois que o país tornou obrigatória a apresentação, na embalagem, de todos os ingredientes dos alimentos e remédios colocados à venda.

No começo do século XX, a cocaína era usada sob a forma de pomada ou unguento de xilocaína, como anestésico local de mucosa, para pequenas cirurgias da orelha interna, do nariz, das gengivas, da garganta, do reto e da vagina. Sua ação se fazia sentir no local depois de 1 minuto, e o efeito perdurava por aproximadamente 2 horas.

Na década de 1940, a xilocaína foi substituída pela procaína, substância sintética que tinha as mesmas propriedades anestésicas, mas, além de não provocar dependência, era menos tóxica. Atualmente, a lidocaína tomou o lugar da procaína, por ser metabolizada mais facilmente e ter menos efeitos colaterais.

A substância ativa não penetra pela pele: só é absorvida

por mucosas. Assim, usar pomada de xilocaína ou lidocaína para arrancar sobrancelhas sem dor é conversa fiada; só pode ter efeito psicológico.

Como um estimulante tem função de anestésico?

Isso acontece porque a cocaína atua por meio de dois mecanismos diferentes: o efeito estimulante resulta da ação da droga sobre as sinapses (espaço entre dois neurônios), enquanto o efeito anestésico ocorre dentro dos neurônios, onde a cocaína dificulta a passagem do estímulo. Com isso, interrompe-se a propagação do impulso nervoso, e a mensagem com a informação sobre a dor fica pelo caminho, isto é, não chega até o cérebro.

E o pó?

Quando injetada ou aspirada sob a forma de pó, a cocaína tem sobre o cérebro o efeito típico de um estimulante: bloqueia a reabsorção de neurotransmissores, depois que esses são liberados nas sinapses, o que faz com que a ativação do sistema nervoso se mantenha por mais tempo. O uso repetido, dentro de um curto período, pode provocar convulsões.

No início do século XX houve surtos de uso ilegal da droga no Brasil e no mundo. Depois a cocaína foi gradativamente abandonada, e seus usuários passaram a preferir as anfetaminas, que podiam ser compradas em farmácias, caminho mais prático e menos perigoso do que cair nas mãos dos traficantes. Além disso, por serem sintetizadas em laboratórios, as anfetaminas permitem um controle melhor da dosagem consumida e por isso são mais seguras.

Entretanto, na década de 1980 houve um retorno à cocaína. Em 1985 foram consumidas, nos Estados Unidos, 72 toneladas de cocaína. Estatísticas policiais do final da década de 1990 indicam que, em todo o mundo, o consumo anual de cocaína chegou a 6 bilhões de papelotes.

No Brasil, em 1987, numa clínica especializada no tratamento de dependentes de drogas, no interior de São Paulo, 63% dos pacientes internados tinham usado cocaína. E há sinais de que, entre estudantes brasileiros, a escalada continua.

A droga dos mil e um caminhos

A cocaína é muito versátil quanto à forma de consumo. O chá, preparado com as folhas de coca, ainda é usado. No Peru, existe até o Instituto Peruano de Coca, semelhante ao nosso Instituto Brasileiro do Café, que garante a autenticidade do produto. Em alguns hotéis peruanos, o chá de coca é servido como ritual de boas-vindas.

Entretanto, nessa forma de ingestão, pouca cocaína passa para o sistema nervoso. A quantidade de droga contida no chá é mínima, e essa, ao ser absorvida no intestino, passa para o sangue, é quase toda destruída no fígado e não chega ao cérebro.

A cocaína se presta a fazer chá por ser solúvel em água. Ora, essa mesma propriedade é que lhe confere a versatilidade quanto ao modo de usar: pode ser inalada (pois se dissolve na umidade da mucosa nasal), injetada (forma pela qual chega mais depressa ao cérebro), colocada debaixo da língua (de onde é absorvida pelos vasos sanguíneos dessa área) ou fumada (sob a forma de pedras, o crack).

Qual o efeito da cocaína?

O efeito varia quanto à intensidade e à duração conforme a via pela qual a droga é consumida. Mas a sensação provocada é a mesma: euforia rápida e intensa, indiferença à dor e ao cansaço, diminuição da fome, excitação, insônia. O crack, que permite que a droga seja fumada, produz efeitos semelhantes aos que provoca a droga quando injetada: as sensações são percebidas poucos segundos após a aplicação ou absorção da droga pelos pulmões e persistem por cerca de 15 minutos, o que leva o usuário a repetir a pipada ou a picada.

Experiências feitas com ratos, que recebiam cocaína cada vez que acionavam uma alavanca, mostraram que os animais preferiam receber a droga a se alimentar ou beber água. Em alguns casos, eles continuaram a pressionar a alavanca para receber cocaína até morrer, sob o efeito de violentas convulsões. Com os usuários humanos esse fenômeno também aparece: os dependentes preferem usar a droga em vez de ingerir alimentos, como se a cocaína passasse a ocupar a base da pirâmide alimentar.

Observações clínicas demonstram que a cocaína pode causar forte dependência. Se houver uma interrupção rápida do uso, a pessoa pode entrar em depressão profunda, ansiedade e avidez pela droga.

Quem usa cocaína?

Por seus efeitos, essa droga seria ideal para escravos, já que permite que a pessoa trabalhe muito, comendo pouco e dormindo menos ainda. Assim, ao contrário da maconha, que foi introduzida como símbolo de contestação à autoridade, a cocaína é a droga mais escolhida por aqueles que estão engajados na luta pelo sucesso em uma sociedade competitiva.

Seus efeitos estão próximos do modelo de sucesso e de bem-estar em nossa cultura: prazer rápido e intenso, sensação de poder, superação das necessidades e contingências que nos fazem humanos, como a fome, o cansaço, a tristeza.

Na realidade, embora a cocaína seja um estimulante, o metabolismo do cérebro cai muito com o uso da droga, porque diminui a quantidade de oxigênio em zonas importantes. O cérebro do usuário de cocaína é embotado, muito pobre em termos de estímulos. Recursos que permitem avaliar o funcionamento cerebral deixam claro o contraste entre o cérebro normal, rico e vivo, que consome bastante glicose, e o do usuário de cocaína, alterado principalmente nas regiões frontais. É aí que estão as regiões do pensamento, do controle dos estímulos e da impulsividade. O que explica, ao menos em parte, o comportamento impulsivo dos usuários de cocaína. Conhecer esse fato ajuda a entender por que eles não pensam muito, gastam dinheiro demais e muitas vezes se tornam violentos.

A cocaína dá realce ao Super-Homem que habita cada um de nós. Só que não reforça o lado justiceiro e protetor do personagem: apenas amplia a sensação de poder. Pelo menos enquanto dura seu efeito. Quando ele passa, surge um Clark Kent ainda mais enfraquecido e mais tímido.

Elixir da felicidade?

A pessoa que usa a droga tende a ficar irritadiça, ranzinza e agressiva e pode cair em depressão profunda. Em alguns casos, surgem também alguns dos sintomas da síndrome do pânico: sudorese intensa, náuseas, sensação de desmaio e comportamento paranoide.

Existe até um quadro psicótico típico provocado pela droga (do qual foi vítima o amigo de Freud), caracterizado por explosões de raiva e surtos de violência. Na maioria das vezes, as perturbações perduram por algumas horas ou alguns dias, mas existem casos em que essas condições voltaram a aparecer mesmo sem o uso da droga. Embora sejam raros, há casos em que essas perturbações se tornaram permanentes.

Mas a cocaína vicia ou não vicia?

É comum o usuário de cocaína tomar compulsivamente doses repetidas, cheirando, aspirando ou injetando cocaína até a exaustão (como os ratinhos da experiência).

Já foi comprovado que o uso da droga leva ao desenvolvimento de tolerância. Na primeira vez de uso, como o cérebro não está acostumado, o impacto de prazer é mais imediato e tende a durar mais. Com o tempo, porém, há uma adaptação do cérebro ao estímulo constante da droga, o que faz com que sejam necessárias doses cada vez maiores para produzir o efeito experimentado no início. Daí a obsessão em repetir a experiência: a sensação de prazer é, ao mesmo tempo, intensa e efêmera, desaparece quase imediatamente. É como se o sujeito vislumbrasse o tempo todo o paraíso sem jamais conseguir penetrar nele.

Como descreve Hans Christian Andersen no conto "A pequena vendedora de fósforos": a menina, na ilusão de se aquecer e espantar a fome, acende um fósforo atrás do outro, até terminarem os fósforos.

Perigo!

O que faz com que ela seja uma droga perigosa é a frequência com que provoca acidentes fatais – muitas vezes em uma única experiência. As maiores causas de mortalidade vêm de problemas cardíacos ou respiratórios. Além disso, a cocaína provoca o estreitamento de veias e artérias e aumenta a produção de uma substância que favorece a formação de coágulos. A associação desses três fatores, aliada à descarga de adrenalina induzida pela droga, aumenta muitas vezes o risco de um infarto logo após o consumo.

Qual é o efeito em longo prazo?

Antes da década de 1980, a cocaína praticamente não existia no Brasil. Portanto, até alguns anos atrás, era difícil encontrar pessoas que estivessem usando essa droga há 20 anos ou mais. Como isso é possível agora, pôde-se constatar que elas têm lesões cerebrais significativas. As funções mais gravemente atingidas são a memória, a concentração e a capacidade de ponderar e de elaborar pensamentos complexos.

O cérebro de pessoas que se tornaram dependentes e estão tentando se recuperar reage de modo peculiar diante da possibilidade de usar cocaína. Algumas ficam internadas seis meses em uma clínica e voltam para casa. A perspectiva de ter acesso à droga ou de encontrar um amigo que a consuma provoca uma reação biológica, um impacto cerebral diferente, conforme foi demonstrado por um exame que analisa a atividade dos vários centros cerebrais. Essas pessoas precisam estar preparadas para enfrentar a inevitável vontade de usar cocaína, quando, no futuro, se encontrarem diante dessa possibilidade.

Atualmente a tendência é classificar a dependência como uma doença do cérebro, pois existe um componente cerebral importante. Achar que a pessoa é dependente porque é fraca e não tem força de vontade é ignorar o desequilíbrio bioquímico que o uso da cocaína provoca.

É de cheirar ou de fumar?

Além dos efeitos provocados diretamente pela bioquímica da cocaína, há outros, ligados à maneira como a droga é consumida. O mais comum é a droga ser aspirada. Mas o uso frequente por essa via faz com que a absorção da droga seja prejudicada pela lesão dos vasos sanguíneos da mucosa nasal. O usuário também está sujeito ao risco de feridas no interior do nariz e na garganta, sinusite, rouquidão e ruptura da cartilagem do nariz.

A ação mais rápida se dá através de injeção na veia. Mas o hábito de injetar cocaína, além de provocar necrose das veias, expõe o usuário aos riscos de contaminação por vírus e bactérias, já que nessas situações ninguém tem o cuidado de esterilizar a agulha. As pessoas costumam partilhar a mesma seringa e até a mesma agulha na febre de aproveitar a droga. Isso abre uma porta para as infecções que são transmitidas pelo sangue, como hepatite, malária, endocardite e aids. Na década de 1980 eram muitos os usuários de cocaína por via endovenosa. Muitos acabaram morrendo infectados pelo vírus HIV.

Coquetéis mortais

A cocaína é a campeã das combinações explosivas. A perda de controle induzida pela droga pode levar a pessoa a perder a mão em tudo: na agressividade, na conversa, na bebida. A intromissão do álcool nesse circuito tem um efeito devastador, pois tanto o álcool quanto a cocaína são metabolizados no fígado e, se ambos estiverem presentes na circulação sanguínea, o álcool tem prioridade, é metabolizado primeiro. Assim, a cocaína circula pelo organismo, sem transformações, por um tempo maior. Isso torna seu efeito mais perigoso, principalmente sobre o coração.

Outra mistura perigosa é de cocaína com maconha, pois essas drogas têm efeitos antagônicos sobre o músculo cardíaco: uma é estimulante e a outra, relaxante.

E ainda se pode levar gato por lebre

Como a cocaína é uma substância relativamente cara, é comum os traficantes misturarem a ela diferentes pós de consistência semelhante. Alguns desses aditivos são inocentes e só fazem atenuar o efeito da droga (açúcar, talco e bicarbonato de sódio são aditivos frequentes). Mas há aditivos perigosos, como o pó de vidro, de mármore ou de lidocaína.

Para enganar a polícia e dificultar o trabalho dos cães farejadores, os traficantes passaram a usar corantes (como resinas e pó de serra), que transformam o pó branco em amarelo (pela adição de enxofre e cloreto férrico), preto, roxo, cinza, marrom. Essa cocaína colorida pode ser mais perigosa do que a branca.

Os testes para determinar o grau de pureza não são tão simples como mostra o cinema, e as condições em que se dá a compra desse material geralmente não favorecem o exame detalhado da mercadoria, de modo que esse risco adicional faz parte do jogo.

Os traficantes não aceitam reclamações posteriores nem devolução de mercadoria. Aliás, não são nem mesmo encontráveis depois de entregar uma mercadoria que tenha provocado um acidente. Insistir em procurá-los pode provocar novos acidentes, quase sempre fatais.

Não fuja da raia

Um exagero na dose pode ser proposital (na ânsia de repetir vezes sem conta a sensação prazerosa, a pessoa perde a mão) ou acidental (quando o pó tem um grau de pureza maior do que o costumeiro). Muitos usuários acreditam, erroneamente, que a dosagem é determinada apenas pela quantidade de pó aspirado, esquecendo-se de que isso depende, em primeiro lugar, da pureza da mercadoria.

Uma overdose de cocaína é uma emergência perigosa, muitas vezes fatal. Os acidentes são mais comuns do que se propaga. Apesar do estardalhaço que a imprensa faz com alguns casos, principalmente de celebridades, a maioria das mortes por overdose de cocaína não chega aos noticiários. Mesmo ao falar com amigos e parentes, a família costuma atribuir essas mortes a parada cardíaca ou alguma causa de origem desconhecida.

Numa emergência, o socorro tem de ser imediato e especializado. Não hesite em procurar ajuda médica, em levar o amigo em perigo para um pronto-socorro. E, enquanto o socorro não chega, procure manter a pessoa calma, mas acordada.

Enxergue um palmo adiante do nariz

Entre uma narina e uma fileira de pó ocultam-se imagens

que ninguém quer ver, que as pessoas insistem em fingir que não existem ou que não têm nada a ver com elas.

Estou falando do que a compra de 1 grama de pó ajuda a sustentar. Estou falando do submundo que vive da droga, que depende desse comércio e é alimentado por ele: os cartéis e assassinatos, os campos de pouso clandestinos e as queimadas das florestas onde se escondem esses aeroportos. Estou falando de violência, de destruição, de miséria – de males contra os quais lutamos, levantamos bandeiras, fazemos passeatas e fundamos partidos políticos.

Quem compra 1 grama de cocaína colabora para toda essa rede de iniquidades. Mas os usuários tentam se convencer de que não têm nada com isso. Como os que ainda acham que é um grande negócio comprar um CD pirata ou um notebook baratinho, sem nota fiscal, nem nada. Se calhar, estão até comprando o mesmo que foi roubado de seu carro ainda outro dia.

• • •

– *Fico louca da vida em algumas festas, porque não dá nem para entrar no banheiro se a gente precisar fazer xixi. Fica todo mundo enfiado lá dentro, com o nariz na farinha. E quando saem não dá nem para conversar: falam feito matracas, todos ao mesmo tempo, ninguém ouve ninguém, mas todos acham que seu assunto é o mais interessante do mundo! Nem percebem as tentativas dos amigos de se aproximar. Um desperdício.*

– *É uma pena que as pessoas não aproveitem a festa para se encontrar umas com as outras e se divertir com esse encontro. Parece que ninguém percebe que não há nada mais interessante, mais divertido do que gente. E se fecham todos no banheiro, como se estivessem sozinhos com suas fantasias de grandeza.*

– *Ainda por cima, o álcool e o cigarro parecem acompanhantes obrigatórios para quem cheira: eles fumam e bebem do mesmo jeito que falam. Por isso eu queria muito saber o que o Freud fez quando viu o amigo dele na pior por causa da coca. A gente nunca sabe o que fazer numa hora dessas, quando o amigo está metendo o nariz na farinha, e nem adianta tentar falar com ele, porque o cara não ouve ninguém. O Freud, tão espertinho, deve ter feito a coisa certa. O que ele fez para ajudar o amigo? Vai ver falou com a mãe do moço, já que ele tinha a mania de pôr a mãe em tudo...*

– *Taí: nunca soube que providência Freud tomou... Se é que tomou alguma. Talvez nem mesmo ele achasse uma boa ideia falar com a mãe do amigo. Ele sabia que as mães não têm muito poder sobre os filhos, principalmente depois de adultos.*

– *Mãe, seja mais humilde: depois dos 3 anos, as mães já não mandam mais nada! Mas podem ajudar. Por exemplo, você poderia me ajudar e, de quebra, ajudar o seu leitor se dissesse o que fazer para ajudar o colega a tirar a cara da farinha.*

– *O que você acha de conversar com um professor de quem você goste e em quem seu amigo confia?*

– *Pode ser a maior roubada, tanto para o amigo como para o professor. Esse tem de prestar contas para a direção da escola e, se for descoberto, pode perder o emprego. Você está careca de saber que muitas escolas ainda acreditam na teoria do cesto de maçãs, em que se uma está podre vai contaminar todo o resto. Então expulsam o aluno que é usuário de drogas, como se com isso resolvessem o problema. Eu até sei que você já foi chamada para apagar alguns desses incêndios.*

– *Eu gostaria que as escolas se convencessem de que essa é uma ótima teoria para quitandeiros, mas péssima para educadores. Escolas não são quitandas, seus alunos não são frutas bichadas, são gente. Quando se descobre que um aluno está usando droga, certa-*

mente ele não é o único, nem o mais encrencado. Expulsá-lo não expulsa o problema.

– Essa questão das drogas está mais pra Hidra de Lerna, aquele monstro que o Hércules tinha que matar: cada vez que ele cortava uma cabeça, crescia outra. Mas o que nós, amigos de um usuário de coca, podemos fazer por ele?

– É preciso tomar cuidado com dois riscos: se meter demais ou abandonar o amigo nessa pior. Se não dá para ter os pais dele como aliados... e acredito em você, às vezes não dá mesmo... nem conversar com um professor, o jeito é procurar, no circuito dele, algum tio, padrinho ou amigo da família com quem você possa conversar. Às vezes, o antigo pediatra dele pode ser um cara legal para isso. Para os amigos, fica a possibilidade de, passada a emergência, fazer um círculo de força em volta dele, convidando-o para programas interessantes, que o afastem da droga e ofereçam oportunidade de viver emoções mais reais. E boa sorte, que essa empreitada não é nada fácil!

– Mãe, acho que você falou muito pouco sobre o crack. Essa droga merece um capítulo só pra ela. Não pode ficar nas beiradas da cocaína!

Então, atendendo a pedidos, um capítulo dedicado só ao crack. A Filha deve saber o que está falando.

15. CRACK – UMA PEDRA NO CAMINHO

Crack?

A MISTURA DE COCAÍNA COM uma substância básica (soda cáustica ou bicarbonato de sódio, por exemplo) faz com que a droga cristalize, isto é, junte-se em pequenas pedras. Os cristais podem, então, ser aquecidos e fumados, ao contrário da cocaína em pó, que se decompõe quando esquenta. Como a área de absorção nos pulmões é 200 vezes maior do que a mucosa nasal, em menos de 15 segundos os vapores atingem o cérebro.

O efeito máximo é alcançado em 30 segundos, e a sensação de euforia e bem-estar cessa em 5 a 7 minutos. Logo depois o usuário sente depressão e cansaço, o que o leva a repetir a experiência – até várias vezes em um mesmo dia. Assim, a tirania da droga instala-se depressa: em menos de um mês de uso cria-se forte dependência.

A resposta fisiológica também é rápida: elevação da pressão sanguínea e dos batimentos cardíacos, o que aumenta o risco de infarto e de derrame cerebral (por isso, é especialmente perigoso usar a droga logo antes ou logo depois de praticar exercícios físicos).

Sucesso imediato

É uma droga barata, fácil de ser encontrada. Sua forma compacta facilita o transporte e torna a comercialização mais fácil do que a da cocaína em pó.

Essa é também a via de efeito mais rápido. Por isso, a capacidade de o crack produzir dependência é muito maior até do que a da cocaína injetada na veia. Isso explica por que o organismo de um usuário de crack deteriora tão rapidamente, pois fumar a droga passa a ser sua única atividade. Às vezes, os dependentes só param de fumar quando já ultrapassaram os limites físicos.

No cérebro, a droga provoca múltiplas lesões, que levam a pequenos derrames. Os problemas provocados pelo crack são tão graves quanto seu poder de atração: convulsões, perturbações da memória, perda do desejo sexual, comportamento violento e paranoia (mania de perseguição). A paranoia gera medo e suspeita das pessoas, e o usuário pode apresentar comportamento agressivo.

O usuário de crack perde peso logo que começa a consumir a droga e passa a não cuidar do corpo, abandonando os princípios básicos de higiene. O crack parece ser incompatível com uma forma normal de vida (trabalho, estudo, relacionamento amoroso etc.), o que condena o usuário à marginalidade.

De onde veio?

O crack começou a ser conhecido nos Estados Unidos no

início da década de 1980 e foi introduzido no Brasil em 1988. Nas estatísticas de 1994 já figurava entre as drogas mais consumidas no Brasil. No início da década de 1990, menos de 10% das internações de usuários de drogas eram por dependência de crack; no final da década, essa porcentagem subiu para 80%, talvez porque o acesso à droga ficou mais fácil.

Uma pesquisa que acompanhou 131 usuários internados em 1993 e 1994 num hospital público de São Paulo verificou, cinco anos depois, que houve nesse grupo de pacientes quatro mortes por ano em decorrência direta do uso da droga. Outros 23 morreram de causas indiretamente ligadas ao crack, como assassinato e aids, e 47 pacientes abandonaram o vício. O maior interesse dessa pesquisa era descobrir se alguma característica deste último grupo poderia explicar por que esses 47 pacientes tiveram êxito numa empreitada tão difícil. Os dados ainda não são conclusivos, mas indicam que um dos fatores que ajudam a distanciar os usuários da droga é o envolvimento com trabalhos comunitários ou grupos religiosos.

Por que se fala tanto do crack?

Um dos motivos para que o crack apareça tanto na mídia é sua visibilidade: muitos de seus consumidores o utilizam nas ruas centrais de grandes cidades. Outro motivo é que, entre as drogas mais consumidas no Brasil, o crack é a que produz mais efeitos nocivos num curto espaço de tempo. O terceiro motivo é sua rápida inserção no mercado: em 1990 respondeu por 0,7% das apreensões policiais; já em 1995 representava 42% das apreensões do Departamento de Investigações sobre Narcóticos. A compulsão para o uso do crack ("fissura") é tão forte que leva muitos a roubar e/ou prostituir-se para sustentar o vício.

Muitos dos usuários de crack são pessoas que no passado utilizaram cocaína injetável, mas que, numa tentativa de conseguir o mesmo prazer através de uma via mais prática e segura, passaram a utilizar o crack. A emenda saiu pior que o soneto, pois quase todos continuaram a usar esporadicamente a cocaína.

Nem sempre

No nebuloso universo das drogas (e dos jovens) não dá para fazer previsões taxativas. Alguns jovens que levam uma vida aparentemente equilibrada, com famílias bem constituídas e segurança econômica e afetiva, acabam por se envolver com o crack. Mais desafiante ainda é que alguns indivíduos que reúnem inúmeros fatores de risco individuais e ambientais vivem afastados das drogas.

Quando a cocaína começou a ser utilizada sob essa forma, acreditava-se que haveria ao menos a vantagem de diminuir a incidência de aids, que se propaga por meio da partilha de seringas usadas e mal lavadas. No entanto isso não ocorreu, provavelmente porque, além de muitos dependentes se prostituírem para sustentar o vício, o comportamento sexual, sob o efeito dessa droga, tende a ficar descuidado e promíscuo.

Como se livrar do crack?

Não é fácil livrar-se do crack. Os sintomas da abstinência são penosos (a limpeza do organismo demora cerca de 15 dias), e não existe uma droga de substituição que ajude a diminuir o sofrimento, como a metadona para os dependentes de heroína (alguns centros começam a utilizar maconha, em doses controladas, como auxiliar). O usuário precisa de contínuo apoio psicológico para manter-se afastado das situações que possam induzi-lo a recair na droga. É por isso que ninguém se refere a ex-usuários: para deixar claro que quem foi dependente da droga precisa estar continuamente sob cuidados e vigilância.

Só se considera a batalha ganha após uma abstinência de 6 anos, pois as recaídas são comuns. A não ser que o usuário faça drásticas alterações em sua rotina, tudo conspira para que ele volte ao crack: a sedução da droga é intensa, o acesso é fácil (os traficantes costumam assediar despudoradamente o freguês), a droga é barata, geralmente os amigos também são usuários. Não é raro que, disposto efetivamente a largar o vício, o sujeito tenha de mudar de emprego, de escola, de casa. Muitas vezes até de cidade.

A principal motivação para largar a droga não deriva das campanhas de esclarecimento, mas do contato com a devastação que o crack provoca: ver arrasada a vida de um amigo é, muitas vezes, o empurrão decisivo para querer fugir dessa rota.

Durante algum tempo, nas regiões onde o tráfico de cocaína estava sob comandos definidos, com redes de distribuição estritamente controladas por grupos organizados, os próprios chefões do tráfico não toleravam a infiltração do crack. Mas, como as pedras são fáceis de transportar e esconder, nem os próprios traficantes conseguiram impedir que a droga entrasse no mercado.

É também mais difícil manter sob controle uma equipe de distribuidores do crack. O comércio clandestino depende da formação de quadros de revendedores leais, que atuem sob condições de rígida disciplina, que algumas vezes recebem ao menos parte do pagamento em espécie (alguns gramas da droga). Não é fácil manter quadros assim com o crack: a renovação da equipe tem de ser rápida, pois o usuário logo fica imprestável para o trabalho.

...

– *Opa, até que fim apareceu um vilão de verdade: uma droga que é droga mesmo, que só faz mal e muito mal! Depois dessa aí, eu realmente levanto a bandeira contra as drogas...*

– *Não precisa fazer isso, minha filha. O mundo oferece muitas bandeiras mais dignas. Que tal levantar a bandeira da liberdade, que, como já vimos, até está ligada à questão das drogas, mas é muito mais significativa? Ou a bandeira da cidadania, que leva em conta não só o que a droga faz para o indivíduo, mas o que ela provoca na sociedade? Ou, melhor ainda, a bandeira contra o cinismo, esse veneno que corrói o que há de melhor no ser humano, que é o núcleo da solidariedade, da consideração pelo outro...*

– *Mãe, agora você foi na mosca! Acho o fim essa moçada que só pensa no que lhe interessa e finge que o resto não existe, que só olha para o próprio umbigo e dane-se o mundo. E ainda falam mal do país, como se não fizessem parte dele.*

– *Se toda uma geração de adolescentes assumisse essa postura cínica, o mundo estaria mesmo perdido. Sem uma participação ativa e crítica dos seus jovens, um país perde a oportunidade de melhorar, de superar as injustiças e desigualdades. O usuário de drogas precisa reconhecer a sua parte no pacote de corrupção, de assassinatos, de roubos e de injustiças que impregnam aquela pedrinha de crack, carreira de pó ou, mesmo, o prensado de maconha que ele se prepara para curtir. Se em vez de lutar contra tudo isso eles se fazem cúmplices desse sistema, aí o mundo fica sem jeito.*

– Às vezes é difícil ver direito de que lado está o Bem. Mas essa droga parece encarnar o Mal melhor do que as outras.

– Quando você estiver em dúvida, há um truque simples para saber qual é o lado do Bem: basta imaginar que aquele é o enredo de um filme a que você está assistindo. Ninguém tem dúvida, na plateia do cinema, para que lado torcer. Em geral, é para o mais fraco, o mais oprimido. O lado de quem está tentando sair da piscina, porque não sabe nadar, não de quem está do lado de fora, pisando nos dedos da pessoa para impedi-la de sair. Quando você perceber que está torcendo para o mais forte, ou o mais popular, cuidado!

16. ANFETAMINAS –
O REMÉDIO DA BRIGA

NOS SERES HUMANOS, A RELAÇÃO entre o corpo e a cabeça nem sempre é harmoniosa. Muitas vezes, a cabeça tenta impor ao corpo atitudes que ele decididamente não está disposto a encarar: as várias disfunções sexuais, como a ejaculação precoce e o vaginismo, são eloquentes exemplos de como o corpo protesta quando exposto a exigências que o desrespeitam. Há também situações em que o corpo faz exigências que nos parecem descabidas, como uma soberana necessidade de ir ao banheiro no meio de um filme emocionante ou uma irresistível sensação de sono no melhor da festa.

Instala-se uma encrenca quando a gente se recusa a aceitar os limites que o corpo impõe e insiste em ter poder sobre necessidades orgânicas como a fome, o sono, o cansaço, esquecendo que, em geral, essas urgências assinalam condições fisiológicas de desequilíbrio que precisam ser corrigidas. A sensação de fome pode ser decorrente de uma queda da taxa de glicose no sangue; a sede pode estar ligada a uma concentração de sal no sangue. E assim por diante.

Só que gente é um bicho complicado, especial mesmo. Há, por exemplo, uma grande diferença entre a fome, enquanto condição fisiológica, e a vontade de comer, que é uma condição psicológica. Isto é, a mesma condição fisiológica pode ser percebida como fome numa situação e passar totalmente despercebida em outro momento. Sabe como é: você reage de maneiras diferentes quando sente aquela ligeira comichão no estômago se está em casa, de tarde, estudando para a prova, ou quando está no maior papo com alguém que lhe interessa.

Ou: quantos bocejos você dá em duas horas de aula chata? E quantos dá ao assistir a um filme eletrizante?

Nessas situações, o que muda não é o estímulo que o corpo envia, mas a maneira como o estímulo é recebido pelo cérebro. Em certos momentos, a informação enviada pelo corpo passa imediatamente à consciência; em outros, a mesma informação fica como que bloqueada, à espera de que o cérebro preste atenção nela. Quando você se dá conta, já são 5 horas da manhã e você está sem comer desde o meio-dia e sem dormir há quase 24 horas – mas nem viu o tempo passar, entretido no papo com aquela pessoa fascinante, perdido nas emoções despertadas pela conversa. Fome, sono, quem?!

Isso significa que os limites fisiológicos não são rígidos nem fixos: é até possível alterá-los sem riscos para o organismo. Mas, por melhor que seja o papo, chega um momento em que a necessidade de dormir ou de se alimentar se impõe, soberana. Ou seja, o corpo sabe se defender sozinho de suas próprias artimanhas.

A situação se complica mesmo quando a gente lança mão de recursos químicos para provocar uma ampliação dos limites naturais do corpo. E é para conseguir isso que são usadas as anfetaminas, também conhecidas por bolinhas ou *speedy*.

De onde vêm

As anfetaminas vêm do laboratório farmacêutico, onde são sintetizadas desde a década de 1920. Seu primeiro uso médico foi para o alívio dos sintomas da asma, obtido por meio da inalação de sais de benzedrina – um tipo de anfetamina. Esses sais eram vendidos em todas as farmácias, sem receita médica nem nada.

Mas logo o pessoal descobriu que era fácil quebrar as ampolas dos sais e injetar o concentrado de benzedrina para obter efeitos parecidos com os da cocaína. Na época, até se pensou que as anfetaminas poderiam ser um substituto mais seguro para a cocaína, que nos anos 1920 já era considerada perigosa.

Durante a Segunda Guerra Mundial, os soldados aliados usaram cápsulas de anfetamina para combater o cansaço e aumentar a resistência. Terminada a guerra, muitos médicos nos Estados Unidos receitavam anfetaminas como estimulantes, no tratamento da depressão, ou para diminuir a sensação de fome em regimes para emagrecer.

Hoje o efeito antidepressivo é questionado, e sabe-se que a eficácia das anfetaminas em moderadores de apetite é limitada devido ao rápido desenvolvimento de tolerância, que exige aumentos quase diários da dose.

A droga é usada com sucesso apenas no tratamento de dois problemas médicos: *disfunção cerebral mínima*, um tipo específico de dificuldade de aprendizagem em que parece haver um distúrbio da estrutura cerebral responsável pela atenção, e *narcolepsia*, uma rara doença neurológica que leva a pessoa a entrar de repente em sono profundo, sem mais nem menos, várias vezes ao longo do dia.

Funciona mesmo?

As anfetaminas têm o mecanismo de ação típico das substâncias estimulantes: agem sobre as sinapses fazendo com que os neurotransmissores sejam liberados em maior quantidade e permaneçam ativos por mais tempo.

Os efeitos mais diretos são diminuição do sono e do apetite e aumento da resistência física. Por isso, além de ser componentes habituais das misteriosas misturas que os milagreiros do peso costumam receitar a seus pacientes, são usadas também por motoristas que precisam enfrentar longas viagens sem possibilidade de descansar. Muitos atletas em competições já utilizaram anfetamina, o que levou os comitês desportivos à introdução dos testes antidoping. Era também um recurso frequente de estudantes em véspera de provas, que com essa droga procuravam vencer o sono e passar a noite estudando. Parece que hoje esse uso decaiu sensivelmente.

Mas as anfetaminas não agem apenas sobre o sistema nervoso central. Seus efeitos se fazem sentir também nos terminais nervosos periféricos, isto é, fora do cérebro. Assim, em consequência da ação da droga sobre os nervos que controlam o diâmetro das pupilas, estas ficam dilatadas (midríase), o que dá a impressão de um aumento do tamanho do olho. Para um motorista cansado, que viaja durante a noite sob o efeito de uma bolinha, o ofuscamento que os faróis de um carro vindo em sua direção provoca em suas pupilas dilatadas pode ocasionar um acidente fatal.

Outros efeitos das anfetaminas sobre o sistema nervoso autônomo são a aceleração dos batimentos cardíacos e o aumento da pressão sanguínea.

É de cheirar ou de engolir?

À vontade. As vias de acesso das anfetaminas são múltiplas e variadas. Podem ser aspiradas, como a cocaína, ou ingeridas sob a forma de cápsulas, que, por sua vez, podem ser desfeitas e dissolvidas em água para então ser injetadas, como a heroína.

Após a ingestão, a droga entra na corrente sanguínea, que a conduz ao cérebro. É metabolizada no fígado, onde é inativada por ação de uma enzima. A substância inativa é então excretada pela urina. Assim, um exame de urina pode determinar se uma pessoa está, ou esteve, sob o efeito de anfetaminas. É nisso que consistem os testes antidoping a que os atletas são submetidos antes ou depois de competições.

Os efeitos se fazem sentir cerca de 30 minutos após a ingestão, ou mais rapidamente quando a droga é injetada. Dilatação das pupilas e secura na boca são sinais de que a substância já está em ação. Um grande problema é que a tolerância a essa droga se desenvolve rapidamente. Para continuar ativa, a dose aproxima-se muito depressa do limite fatal.

Alterações que as anfetaminas provocam

Os efeitos são semelhantes aos da cocaína, com algumas diferenças: duram mais tempo (a cocaína permanece ativa no máximo durante uma hora; as anfetaminas, por muitas horas); as anfetaminas são efetivas por via oral, enquanto a cocaína é quase inativada pela digestão; e as anfetaminas não têm efeito anestésico local.

Em doses baixas ou moderadas, as anfetaminas produzem sensação de alerta, melhora do humor, discreta euforia, diminuição do cansaço e aumento da capacidade de concentração.

Nos períodos iniciais de uso, algumas pessoas queixam-se de insônia e ansiedade, bem como de irritabilidade e agressividade. Essas sensações são muitas vezes combatidas com o uso de álcool ou tranquilizantes, em misturas que podem ser fatais.

Em dosagens altas, as anfetaminas deixam o comportamento confuso e desorganizado e provocam sensações de medo e desconfiança, alucinações e delírios, num quadro que chega a confundir-se com a esquizofrenia paranoide.

Em longo prazo, o uso de anfetaminas leva às consequências previsíveis da falta de alimentação e de sono: fraqueza, desnutrição, agressividade e confusão mental.

Após interrupção do uso, não há propriamente uma síndrome de abstinência. Mas uma interrupção abrupta faz aumentar o cansaço e a depressão, que às vezes se transforma numa melancolia que pode durar meses.

Vai um cristalzinho para aumentar o brilho da vida?

Altamente viciante, a metanfetamina, popularmente chamada de cristal, ficou mais conhecida no Brasil a partir da série de televisão *Breaking Bad*, sobre um professor de química que se põe a sintetizar e distribuir a droga.

Sob a forma de cristais brancos, a metanfetamina pode ser inalada, fumada, ingerida ou injetada, e seus efeitos duram entre 6 e 8 horas. É um poderoso estimulante do sistema nervoso e provoca euforia e aumento de energia. A tolerância instala-se rapidamente, e o uso continuado tem efeitos devastadores sobre o fígado e os pulmões, além de provocar o aparecimento de feridas e erupções na pele. É principalmente consumida em baladas.

Mas, como se soassem as 12 badaladas que desfaz o encantamento para o baile do príncipe, o brilho desaparece, o vestido de festa se desfaz, e Cinderela volta a ser a Gata Borralheira: após o uso, o usuário vive momentos sombrios, de paranoia, insônia e violência.

• • •

— Mãe, você não imagina quantas meninas usam essa droga pra emagrecer! E não são só as gordinhas que fazem isso! Na escola existe um monte de magrinhas malucas que querem ficar esqueléticas com a tal pílula das 10 da manhã! Não entendo essa onda de magreza, de todas quererem ser nórdicas, como a loira esquálida dos comerciais de carros. Nem essa loucura dos garotos, que também tomam venenos para ficar musculosos... e deformados como o Rambo. Será que não dá pra ser gente normal e ser feliz?

— Pois é assim que muitas meninas entram numa maré de emagrecimento compulsivo e perdem a mão... E elas podem até morrer disso, de uma doença grave chamada anorexia nervosa. E muitos garotos, na esperança de ganhar músculos depressa, aceitam tomar esteroides anabolizantes, que alguns treinadores sem escrúpulos oferecem e algumas academias de ginástica vendem. Essas drogas não provocam dependência, mas fazem estragos importantes, às vezes fatais.

— Eu sempre quis saber direito como é essa história. Você bem que podia explicar. Ou vai dizer que não é assunto deste livro?

— Posso explicar, sim, embora essas drogas não sejam anfetaminas nem venenos doces, que é do que trata este livro. Os esteroides anabolizantes ficaram famosos depois das Olimpíadas de

1988, em Seul, quando se descobriu que muitos atletas faziam uso deles. Por causa disso, alguns até perderam as medalhas que tinham conquistado. O caso mais famoso é o de um campeão de ciclismo que teve de devolver todos os prêmios que ganhou na vida (e foram muitos!) quando se descobriu que ele tinha usado estimulantes a vida toda, numa concorrência desleal com os outros atletas, que respeitavam as regras. Esses esteroides (que são substâncias parecidas com hormônios) fazem a massa muscular aumentar rapidamente e, com isso, melhoram o desempenho dos atletas. Quando usados por adultos, os efeitos desaparecem logo que o tratamento é interrompido, mas na adolescência essas substâncias são perigosas, porque esse é um período de intensa atividade hormonal e essas substâncias interferem no metabolismo dos hormônios. O resultado é o desenvolvimento de obesidade, impotência sexual e perda de cálcio (o que facilita fraturas, pois o cálcio é um dos principais componentes dos ossos). Há casos de morte prematura de atletas por problemas cardíacos, provavelmente causados pelo uso prolongado dessas drogas. Carreira curta é o mínimo que se pode prever para os esportistas que lançam mão desse recurso. E paramos por aqui que esta conversa já está virando outro capítulo!

17. NARCÓTICOS – A ENCRENCA COMPRADA EM FARMÁCIAS

Dores da vida, dores da morte

DOR É UMA SENSAÇÃO ESTRANHA. Você já percebeu que algumas vezes você é capaz de aguentar as maiores dores sem nem se dar conta e outras vezes um sapato apertado pode ficar insuportável? Eu já vi um goleiro continuar jogando uma partida de futebol até o fim depois de ter o braço fraturado numa falta maldosa, achando que nem estava doendo tanto. O mesmo homem que logo depois se recusava a tomar uma injeção de analgésico dizendo que "Injeção dói!". Dá pra entender?

Dá, sim. Um dos principais componentes da sensação dolorosa é o significado da dor, isto é, o que ela representa para o sujeito naquele momento. Há casos de soldados que, feridos em batalha, aguentaram sem queixas dores que, para serem toleradas, exigiriam altas doses de morfina. Isso acontece provavelmente porque sentir dor, naquele contexto, significava, acima de tudo, que o sujeito estava vivo, que não tinha ficado no campo de batalha como tantos de seus companheiros. Nessas condições, até a dor é percebida como expressão da vida. E é tolerada sem queixas.

O mesmo vale para várias outras dores, como a dor do parto: são situações carregadas de conteúdos emocionais, tão densas de significados que mal se percebem as alterações físicas que acontecem com o corpo. Não são essas as sensações que a memória registra como importantes.

O significado da dor, porém, é diferente para alguém que sabe que tem uma doença grave. Num caso assim, todas as dores e todos os desconfortos são ampliados pela ansiedade. O doente sente que a morte está à espreita por detrás de seus ombros, e qualquer alteração de seu bem-estar é interpretada como sinal de aproximação do inimigo. Também nesses casos não é possível separar a dor das emoções que ela desencadeia.

Os produtos derivados do ópio – os narcóticos – são até hoje insuperáveis no combate à dor, justamente porque atuam não só sobre a própria dor, mas também sobre o significado que ela tem.

Documentos dos sumérios, do ano 4000 a.C., já falavam das propriedades analgésicas e curativas do ópio. Na Grécia, Hipócrates receitava o ópio para indisposições físicas.

Como agem os narcóticos?

Os opiáceos parecem imitar nas sinapses a ação de algumas substâncias que o próprio corpo fabrica para controlar a dor e moderar as emoções. Algumas dessas substâncias são conhecidas há algum tempo, outras foram descobertas recentemente. A estrutura química dos opiáceos é semelhante à da morfina, e eles têm nomes parecidos (endorfinas, encefalinas, dimorfinas).

Essas substâncias têm mecanismos de ação semelhantes e todas têm a mesma função moderadora sobre a dor.

O efeito sobre o cérebro é basicamente o mesmo: diminuem a sua atividade. Mas algumas são mais eficientes em produzir esse efeito – a questão é principalmente de dosagem. Assim, para algumas drogas, como morfina e heroína, a dose necessária para diminuir a vigília e aumentar o sono é pequena. Outras necessitam de doses de 5 a 10 vezes maiores para produzir os mesmos efeitos, como a codeína e a meperidina. Algumas drogas podem ter também uma ação mais específica; por exemplo, deprimir os acessos de tosse. É por essa razão que a codeína é usada para diminuir a tosse.

Algumas, como a heroína, levam mais facilmente à dependência que as outras, daí serem mais perigosas. Além de deprimir os centros da dor, da tosse e a vigília, todas essas drogas, em doses maiores que as indicadas pelo médico, acabam por deprimir também outras regiões do cérebro, as que controlam a respiração, os batimentos do coração e a pressão do sangue.

O principal poder dos narcóticos está em diminuir o grau de ansiedade e induzir o sono, mesmo na presença de dor. E, se não desaparece totalmente, a dor fica menos intensa, menos desconfortável. O efeito de aumentar a tolerância à dor deriva, provavelmente, da diminuição do medo, da ansiedade e da tensão que em geral acompanham os estados dolorosos. Com isso o indivíduo, embora sinta dor, dá menos importância a ela. Atletas fazem uso de opiáceos para camuflar a dor decorrente de lesão e competir. Uma prática nociva, pois a lesão tende a piorar com o exercício físico. Ou seja, uma pequena lesão pode se transformar em uma lesão grave e mesmo em uma lesão permanente.

Entretanto, o uso de narcóticos induz o organismo a produzir menos endorfinas. A partir de então, a pessoa passa a precisar continuamente da droga, pois seu mecanismo natural de controle da dor e de moderação das emoções já não funciona com a mesma eficiência. Isso explica o extraordinário poder dos opiáceos de criar dependência. Seu uso médico fica restrito a dores muito intensas, que sejam agudas e esporádicas (por exemplo, provocadas por queimaduras extensas, que têm duração previsível e pouca probabilidade de se repetir) ou terminais (como nas últimas fases de uma doença fatal, em que não cabem preocupações com a questão da dependência).

Qual a diferença entre morfina e heroína?

O ópio, que contém cerca de 10% de morfina, é preparado com a seiva do fruto da papoula (*Papaver somniferum*). Quando se faz um corte na papoula, escorre uma substância leitosa que, quando seca, constitui o ópio.

A heroína não é um componente direto do ópio, como a morfina. A heroína é produzida a partir de uma transformação química da morfina e não tem aplicação médica. Sua capacidade de induzir tolerância e dependência é ainda maior do que a da morfina.

Além de sonolência, os opiáceos provocam uma espécie de torpor, um desligamento da realidade acompanhado de uma sensação de bem-estar. O usuário desse tipo de droga não tem propriamente alucinações, mas sente-se como se estivesse de férias da vida, o que pode ser muito tentador. Mas o preço a pagar é alto.

A síndrome de abstinência da heroína manifesta-se rapidamente. Após poucas semanas de uso, a interrupção provoca cólicas abdominais intensas e dolorosas, diarreia e vômitos, que podem levar a uma desidratação fatal.

O sofrimento ligado a esses sintomas é grande, e a síndrome deve ser tratada como uma doença grave. Não tem o menor sentido deixar uma pessoa exposta, sem ajuda, a um quadro tão doloroso. Nem isso é necessário: existem recursos médicos e psicológicos para atenuar o sofrimento.

E os xaropes viciantes?

Um dos derivados do ópio, a codeína, tem o poder de suprimir o reflexo da tosse, que é comandado pelo bulbo (região do cérebro que controla as condições internas do organismo, como a temperatura corporal, a taxa respiratória, o nível de glicose no sangue etc.). Assim, muitos xaropes tinham a codeína como principal componente – e isso os tornava extremamente tóxicos e com alto poder de gerar dependência.

A ação da codeína não se restringe à inibição do reflexo da tosse. As outras funções que estão sob o comando do bulbo também são afetadas, e o usuário contumaz desses xaropes tem os vasos sanguíneos da periferia do corpo permanentemente contraídos (por isso é, em geral, pálido) e suas pupilas estão sempre dilatadas. Além disso, ele tem tremores nas mãos e taquicardia, o que pode provocar uma sobrecarga fatal do coração.

Tomada em doses maiores do que a indicada pelo médico, a codeína produz uma acentuada depressão das funções cerebrais: a pressão do sangue cai muito, o funcionamento do coração é mais lento e a respiração enfraquece. Com isso, a temperatura do corpo diminui, e a pele fica com uma coloração azul violácea, denominada cianose. Se não socorrida, a pessoa pode entrar em coma e até morrer.

A codeína provoca tolerância num curto período de tempo, o que leva a pessoa que toma xarope à base de codeína a aumentar cada vez mais a dose diária. Não são raros os casos de pessoas que sofrem sintomas de abstinência quando deixam de tomar a droga, depois de usá-la por muito tempo. Calafrios, câimbras, cólicas, nariz escorrendo, olhos lacrimejando, inquietação, irritabilidade e insônia são os sintomas mais comuns da abstinência.

Embora a lei obrigue a apresentação e retenção de receita médica (principalmente depois que casos fatais de overdose desses xaropes vieram a público), farmácias inescrupulosas vendem esses remédios sem receita, ignorando o perigo que representam. Essa irresponsabilidade contribui para o aumento do número de dependentes e de vítimas fatais.

Remédio para dor de barriga?

Os narcóticos agem sobre a musculatura lisa, diminuindo a frequência e a intensidade das contrações musculares. Por isso foram utilizados no tratamento de diarreias e cólicas, especialmente em situações em que havia risco de uma epidemia de disenteria, como durante uma guerra. Daí o grande número de soldados que voltaram dependentes dos campos de batalha depois da Segunda Guerra Mundial, da Guerra da Coreia e da Guerra do Vietnã.

Cuidado com as crianças!

Nem todas as substâncias presentes no sangue penetram no cérebro. Existem mecanismos de proteção que funcionam como barreiras para dificultar a passagem de substâncias tóxicas para os neurônios centrais. Com isso, alguns remédios que contêm dosagens baixas de opiáceos podem ser inofensivos se tomados com rigoroso acompanhamento médico: em dosagens baixas, não atravessam a barreira de proteção do cérebro, e seu efeito se faz sentir apenas nos órgãos periféricos.

Como esses mecanismos que protegem o cérebro só se desenvolvem depois dos 4 anos, os narcóticos são especialmente perigosos para crianças pequenas. Entretanto, alguns remédios para tosse e para cólicas que têm em sua composição opiáceos ou seus equivalentes sintéticos não trazem nenhuma advertência na bula quanto ao risco que representam.

Esses riscos não são desprezíveis. Em crianças pequenas, esses remédios, usados para tosse ou diarreia, podem provocar queda de pressão, diminuição dos batimentos cardíacos e da temperatura corporal, dificuldade para respirar. Se não forem tratados a tempo, esses sintomas podem levar à morte. Crianças de ate 2 anos, se medicadas em excesso com xarope ou gotas para tosse que contêm opiáceos, podem apresentar dificuldade respiratória, a pele fria e meio azulada, as pupilas contraídas e dificuldade para mamar.

São os mesmos sintomas (e os mesmos riscos) que ameaçam um adulto que ingere um narcótico em dose suficientemente alta para vencer a natural barreira de proteção e atingir o cérebro. Se a substância for injetada e assim chegar ao sangue sem passar pelo processo de digestão, as doses toleráveis são mais baixas.

Esses efeitos são mais perigosos para alguém que já tenha problemas cardíacos ou respiratórios, como bronquite ou asma.

Hoje é possível fabricar em laboratório substâncias parecidas com os opiáceos, tanto no mecanismo de ação quanto nos efeitos. Nos riscos também. Algumas delas são ainda mais potentes do que a morfina, no sentido de serem ativas em doses até milhares de vezes menores – o que torna milhares de vezes maior o risco de uma overdose.

Overdose de narcóticos

Existem alguns mitos a respeito do tratamento da overdose dos derivados do ópio que podem gerar ainda mais complicações. Não é verdade que a cocaína (ou qualquer outro estimulante) ajuda a controlar os sintomas. Nem que bolsas de gelo colocadas nas axilas e na virilha da vítima fazem com que ela volte ao normal. Tudo isso é bobagem, não tem nenhuma base e ainda retarda o socorro adequado, o que pode ser fatal.

A overdose de narcóticos é uma emergência hospitalar que pode levar à morte mesmo em centros médicos modernos e bem aparelhados. Em caso de overdose, o melhor é procurar socorro imediato, sem perder um minuto. No caminho para o hospital, convém afrouxar as roupas da vítima e manter uma ventilação adequada.

Lembre-se: é possível exigir do médico o sigilo com o qual ele está comprometido pela ética médica. Não há lei alguma que o obrigue a comunicar à polícia os casos de overdose que atende, de modo que você pode exigir garantias de anonimato. Ele só é obrigado a comunicar às autoridades competentes as doenças infecciosas que têm caráter epidêmico – o que não inclui overdose por droga.

Um minuto de hesitação pode ser a diferença entre a vida e a morte, entre a encrenca pequena e contornável e a irreversível tragédia de ser considerado cúmplice de um homicídio ou, pior ainda, sentir-se culpado pela morte de um amigo.

Outros riscos

A morte por overdose talvez nem seja o maior risco a que está exposto o usuário de narcóticos injetáveis. Quem entra nessa já está na boca do lobo, já fez um pacto com a morte, talvez até acreditando que, entre os vários enredos que a morte tem de inventar, este pode não ser dos piores. Não seria tão ruim morrer meio dormindo, como se se sonhasse – creem eles.

Só que não é nada disso. A morte por overdose acontece por dificuldade respiratória, isto é, por asfixia. Isso não é suave e está mais para pesadelo que para sonho.

A forma como os dependentes se injetam a droga cria risco de contaminação por diversas doenças. É que a droga não é simplesmente injetada: o usuário faz, com a agulha, uma aspiração do seu próprio sangue para misturá-lo com a droga, na seringa; em seguida, a mistura é vagarosamente injetada. Em geral, a manobra é repetida por várias pessoas, de modo que, ao passar de mão em mão, a tal seringa contém não só a droga (o que já seria encrenca suficiente), mas também uma mistura do sangue de todos os que estão na roda, formando um explosivo coquetel que pode conter vírus de hepatite, endocardite, malária, aids etc.

Também são comuns problemas nas veias no local da injeção, como flebites, fibroses e necroses.

Todo analgésico é derivado do ópio?

Não, existem analgésicos não narcóticos, como a aspirina e o acetaminofen, que atuam diretamente sobre substâncias químicas liberadas pelos tecidos feridos, diminuindo a dor e a inflamação. São úteis no controle da febre e não têm maior impacto sobre o sistema nervoso central, embora produzam alterações do comportamento, na medida em que trazem alívio à dor ou ao desconforto. Também não são totalmente inofensivos, pois a maioria irrita a mucosa gástrica e pode provocar gastrites e úlceras. Por isso, quando o analgésico precisa ser tomado por um longo período, os médicos costumam receitar também um protetor gástrico.

Quem abusa dessas drogas sem indicação médica em geral está em busca de uma depressão do cérebro: um estado de torpor, uma blindagem contra a realidade, um estado em que realidade e fantasia se confundem. Um sonhar acordado. É uma condição da qual o sofrimento está ausente, mas junto com ele desaparecem também todos os outros sentimentos e emoções. Uma espécie de negação da vida. Uma espécie de morte.

• • •

– *Acho que nunca topei com nenhum dependente de heroína: só conheço por livro e filme, e olhe lá!*

– *Olhe lá mesmo! Espero que essa droga passe bem longe de você. Mas não está tão distante do seu mundo quanto eu gostaria. A heroína ainda não é um problema importante no Brasil, mas a polícia já fez algumas apreensões da droga no começo deste século. Já a turma do xarope está mais perto do que você pensa. E é fácil disfarçar seu uso, já que todo mundo pode ter tosse e precisar de remédio. O próprio dependente leva tempo para reconhecer sua condição e fica se enganando até levar um susto. E daí em geral o problema já se complicou. Quanto mais depressa se reconhecer a dependência, mais fácil se livrar dela.*

– *Precisa ver se o cara quer mesmo sair dessa. É fácil falar em reconhecer a dependência, mas e daí? O que ele pode fazer para se livrar sozinho?*

– Se sozinho não dá, tem de pedir ajuda.

– Pedir ajuda como? Quem disse que ele pode chegar pra mãe e dizer: "Sabe aquele xarope amarelinho? Pois é, me ajude, sou viciado nele, tomo três vidros por dia". Aposto que, em vez de ajudar, a mãe vai sair gritando feito louca querendo saber quem foi que levou o filhinho dela para a perdição, quem é o maldito que está fornecendo droga pra uma criança. Enfim, essas barbaridades que as mães falam e que obrigam a gente a deixar os problemas mais sérios bem longe dos ouvidos delas.

– E o que o filho está dizendo também não é uma barbaridade? O que você queria que uma mãe fizesse ao ouvir uma declaração dessas? Por que mãe não pode dizer o que sente? É injusta essa história de que os filhos podem dizer e fazer qualquer besteira que lhes venha à cabeça e os pais têm de ser sempre equilibrados. Depois da explosão inicial, tenho certeza de que a mãe cairia em si e ajudaria o filho. Mas mãe também tem o direito de perder a cabeça e falar algumas bobagens num momento de aflição.

– Não sei, não. Acho que as mães passam desse primeiro acesso histérico para uma continuação mais histérica ainda. Porque elas não percebem a diferença entre alguém que expõe um problema e pede ajuda e uma criança completamente perdida no meio da tempestade. Ainda mais se esse alguém é o filho dela. Mas não precisa ficar tão nervosa. Eu estava falando das mães em geral, não tem nada a ver com você.

Será?

18. TRANQUILIZANTES – CHEGA DE LÁGRIMAS

ÀS VEZES A VIDA FICA muito escura, como se o mundo se transformasse num longo túnel. Às vezes a tristeza passa da conta, parece que a gente não vai aguentar, que não vai conseguir atravessar o dia ou, pior ainda, a noite. Às vezes o sofrimento é tanto que a ideia de continuar vivendo parece intolerável.

Não me refiro a pequenas chateações e desapontamentos corriqueiros, desses que incomodam mas fazem parte da vida, como bater o carro ou não passar no vestibular ou não poder viajar nas férias.

Estou falando de grandes dores, que parecem não estar no programa de vida de ninguém nem fazer parte do enredo para o qual nos preparamos. Na verdade esses acontecimentos são parte integrante da vida, mas ninguém está preparado para eles. Para eles não existe preparo.

Estou falando da morte de alguém próximo e querido, de uma separação essencial e inesperada, da notícia de que se é portador de uma doença fatal. Enfim, estou falando de eventos dramáticos, desses que tiram o chão e a vontade de viver. Não dos pequenos contratempos do cotidiano, mas das grandes dores do inesperado.

Existe remédio para isso?

Até certo ponto, sim. São os calmantes ou tranquilizantes, que deprimem o funcionamento do sistema nervoso e podem ser divididos em dois tipos: os barbitúricos (hipnóticos) e os ansiolíticos (benzodiazepínicos). Os barbitúricos já foram muito utilizados, mas hoje seu uso é mais restrito, por causa de seu forte potencial de abuso e da grave crise de abstinência que a interrupção abrupta do uso provoca. Utilizados corretamente, podem ajudar na travessia de momentos de crise. São indicados para os grandes dramas – grandes e passageiros.

A ansiedade faz parte do repertório normal das experiências humanas. Se não houver um mínimo de ansiedade, não haverá motivação para mudanças nem para novas aprendizagens. Mas uma angústia muito intensa chega a ser paralisante. Não só impede a aprendizagem, mas às vezes chega a impedir qualquer contato com a realidade, como acontece nos casos de melancolia profunda. São condições patológicas, que exigem acompanhamento médico e que podem melhorar com uma medicação bem indicada.

Você já viu um filme clássico de Alfred Hitchcock chamado *Um Corpo Que Cai*, que às vezes passa na televisão, nas sessões da madrugada? Pois o personagem principal, depois da morte da namorada, desenvolve um típico quadro melancólico, desses que poderiam se beneficiar de um medicamento bem administrado.

Os barbitúricos foram descobertos no fim do século XIX e fazem parte do arsenal médico desde 1903, quando se comercializou o primeiro deles nos Estados Unidos, com o nome de Veronal. Hoje existem 2.500 tipos diferentes de barbitúricos, dos quais mais de 50 são comercializados. Mas já surgiram novas substâncias para substituí-los, como os benzodiazepínicos, que não provocam tanta sonolência nem desenvolvem tolerância tão depressa.

Os barbitúricos atuam sobre o sistema nervoso como um todo, provocando uma depressão geral do funcionamento do cérebro. Conforme a dosagem, funcionam como calmantes ou como anestésicos. São metabolizados no fígado, o que diminui a ação de outros remédios tomados simultaneamente. É por isso que são necessárias doses mais altas de outras medicações quando tomadas em associação com barbitúricos.

A via endovenosa, usada para anestesia, oferece riscos altos e só pode ser utilizada onde há acesso imediato a recursos médicos, como num centro cirúrgico. Uma dosagem excessiva provoca perda de reflexos e depressão da respiração, que pode levar a coma irreversível ou morte.

Mas qual é a graça?

Os primeiros efeitos dos barbitúricos, como os do álcool, são sensações de relaxamento, bem-estar, leve euforia. Logo há diminuição da atividade motora, a fala fica pastosa e vem o sono. Tem quem ache uma enorme graça nisso tudo.

O problema maior é que a tolerância para essas sensações instala-se rapidamente, sem que se altere a dosagem letal, isto é, a quantidade de droga capaz de provocar a morte continua a mesma. Isso significa que, para conseguir as mesmas sensações, o usuário precisa aumentar cada vez mais a dose, até que a dose necessária para provocar alguma sensação chega perto da dose que provoca a morte.

Pior ainda é que a tolerância se instala mais depressa no caso de pessoas acostumadas ao álcool ou a opiáceos, o que dificulta a escolha de um analgésico ou anestésico para quem foi alcoólatra ou dependente de narcóticos.

Um trágico mistério

Quem está tomando barbitúricos por indicação médica deve abster-se de bebidas alcoólicas. Além do efeito direto – a competição entre as duas classes de substâncias para serem metabolizadas no fígado –, há o risco de tomar involuntaria-mente uma overdose.

Não é raro uma pessoa alcoolizada, ainda que levemente, tomar mais de uma dose de um remédio que esteja usando por indicação médica simplesmente porque esqueceu que já tinha tomado a dose prescrita. Se o torpor provocado pela bebida for intenso, há risco de que a confusão se repita várias vezes, o que pode levar a pessoa a ingerir doses letais.

Muitos casos de morte por excesso de barbitúricos nunca foram elucidados, pois às vezes é impossível discriminar en-tre um acidente provocado por esse tipo de confusão e um suicídio. A trágica morte de Marilyn Monroe, em 1962, é um desses mistérios. Até hoje não ficou esclarecido se a atriz tomou intencionalmente uma overdose para encontrar a morte, num momento de desespero, ou se foi vítima de um acidente fatal ou até mesmo de assassinato. O certo é que, com isso, o mundo perdeu beleza e alegria.

Dormir, talvez sonhar...

Numa noite bem dormida, alternam-se estágios de sono mais profundo e mais superficial. A diferença de profundidade do sono não está relacionada com maior ou menor dificuldade para acordar, mas com alterações do funcionamento do cérebro, que se refletem no traçado das ondas cerebrais.

Outra maneira de perceber os diferentes níveis de profundidade do sono é pela observação do movimento dos globos oculares por detrás das pálpebras fechadas da pessoa adormecida. Durante o sono há momentos em que os olhos parecem movimentar-se rapidamente, como se acompanhassem as cenas de ação de um filme. Nesses momentos – que correspondem a estágios de sono menos profundo – é que acontecem os sonhos. São as cenas dos sonhos que os olhos parecem acompanhar. Aproximadamente uma quarta parte do tempo de uma noite de sono é povoada por sonhos.

Observando os olhos de pessoas adormecidas sob o efeito de barbitúricos constatou-se que seus globos oculares não se moviam e que o sono era profundo ao longo de toda a noite – indicando que o sono induzido pela droga é pesado e sem sonhos.

Os sonhos não têm o poder de prever o futuro, mas sonhar é importante para nossa saúde mental. Os sonhos permitem a realização disfarçada de desejos inconscientes, o que ajuda a aumentar nossa tolerância às inúmeras e inevitáveis frustrações da vida. Além disso, os sonhos são um canal de comunicação com o inconsciente, uma maneira de nos levar a conhecer um pouco dos misteriosos personagens que nos habitam e dos desejos que os movem.

Não é preciso sequer que a gente se lembre do que sonhou: o fato de ter aberto algumas comportas do inconsciente, ao longo de todas as noites, colabora para manter nosso precário equilíbrio psíquico e emocional. Mas essa via de comunicação fica prejudicada pelo uso de barbitúricos.

Ressaca de sonhos

Quando o uso de barbitúricos é bruscamente suspenso, a síndrome de abstinência que se instala pode ser mais penosa e demorada que a do álcool. Além dos sintomas físicos, semelhantes aos da ressaca alcoólica, e de uma insônia renitente, surgem outras perturbações do sono, como se o inconsciente tentasse compensar as muitas noites de sono pesado e sem sonhos.

Assim, ao longo de várias noites consecutivas, quando o sujeito consegue afinal vencer a insônia e adormecer, os ciclos de sono ficam mais curtos, com mais períodos de sonho do que normalmente acontece. O sono é agitado e povoado por pesadelos perturbadores e repetitivos.

Muitas vezes isso é motivo suficiente para a pessoa se sentir impelida a voltar à droga, não mais pela sensação de bem-estar, mas para livrar-se das agitadas noites de pesadelos e insônia.

De mãe para filho

Os barbitúricos atravessam a barreira da placenta, portanto uma gestante dependente pode dar à luz um bebê dependente da droga. Essa criança apresentará, poucas horas depois de nascer, os sinais da síndrome de abstinência – o que gera um problema médico complicado: o que fazer diante de um bebê dependente? Dar a droga para aliviar o sofrimento da abstinência, colocando em risco sua vidinha frágil? Durante quanto tempo?

Não inventaram nada melhor?

Usados como anestésicos, os barbitúricos representaram um progresso em relação ao álcool (principalmente porque permitem dosagens mais precisas), aos opiáceos (por induzir menos dependência e levar mais tempo para desenvolver tolerância) e, sobretudo, ao clorofórmio, que apresentava simultaneamente os inconvenientes do álcool e dos opiáceos.

No entanto, os barbitúricos são uma arma precária para resolver o problema da ansiedade e da angústia, pois atuam de forma global e genérica. Não ajudam o indivíduo a compreender as causas de sua angústia nem a vencer a luta contra ela: deixam simplesmente a pessoa fora de combate, adormecida, na esperança de que, enquanto isso, o motivo do sofrimento se resolva.

Além dos inconvenientes de ordem psicológica, existem problemas fisiológicos decorrentes da lentidão do processo de metabolismo e eliminação da droga: pode levar dias para uma pessoa livrar-se dos efeitos entorpecentes de uma única dose.

As pesquisas continuaram, e na década de 1960 uma nova arma foi incorporada ao arsenal da batalha inglória contra a depressão e a angústia: os benzodiazepínicos.

• • •

— Por que você diz que essa é uma batalha inglória? Você não acha que seria glorioso acabar com a angústia?

— Acontece que é impossível acabar totalmente com a angústia...

ou com a tristeza. Esses sentimentos fazem parte da bagagem humana, são passagens obrigatórias no percurso de um desenvolvimento normal, não são desvios da rota. Não seria nem possível nem desejável que eles desaparecessem do nosso repertório.

– Mas por quê? Você quer dizer que sofrer é bom?

– Não que seja bom, mas faz parte da condição de estar vivo. A gente não tem de procurar o sofrimento, mas não é para querer se livrar dele a qualquer preço. Além da tristeza e da angústia, outros sentimentos ficam embotados, e a pessoa perde também a capacidade de se alegrar de verdade e de desfrutar de suas conquistas. A alternância de tristezas e alegrias é o que dá colorido à vida.

– Essa história de combater a tristeza indo dormir é coisa de adulto. A turma prefere outros caminhos… Todo mundo quer trocar o sofrimento pela alegria, não pelo sono. Esses calmantes fazem a pessoa morrer um pouquinho enquanto espera a tristeza passar. Mas a gente está mais pra mudar de canal do que pra desligar a televisão. Lembra daquele jardineiro da escola, quando eu era pequena? Ele dizia pra criançada: "Quando a gente dorme, não vévi!". Eu acho que ele tinha toda a razão.

19. BENZODIAZEPÍNICOS – O QUE É MAIS FORTE DO QUE A MORTE?

QUANDO FORAM DESCOBERTOS, NA DÉCADA de 1960, os benzodiazepínicos pareciam ser a solução para todos os males da alma. O homem acreditou estar diante do mágico elixir capaz de tirar a dor, a angústia e o sofrimento sem provocar dependência nem outros efeitos colaterais indesejáveis.

Hoje se sabe que a mágica falhou.

É verdade que os benzodiazepínicos representam um progresso em relação aos barbitúricos. Em primeiro lugar porque diminuem a tristeza e a ansiedade sem causar sonolência nem prejudicar o raciocínio, mas sobretudo pela modificação que provocaram no tratamento psiquiátrico.

Pacientes com tendências suicidas, que sofrem de depressão profunda, eram antes tratados exclusivamente por meio de eletrochoques; com o advento dos benzodiazepínicos, passaram a ser medicados com essa nova família de drogas, dispensando as prolongadas internações em hospitais. Assim, esses pacientes já não precisam ser afastados do convívio familiar e levam uma vida razoavelmente normal. Nessas condições, fica mais fácil submetê-los a um processo de psicoterapia que permita identificar as forças inconscientes responsáveis pelo quadro depressivo.

Como agem os ansiolíticos?

A ação farmacológica dos benzodiazepínicos é mais seletiva que a dos barbitúricos: agem sobre um neurotransmissor específico, conhecido por *gaba* (do inglês *gamma-aminobutyric acid*), ou ácido gama-aminobutírico. Esse ácido serve para modular e moderar a atividade cerebral, funcionando como um freio para nossos afetos. Os benzodiazepínicos favorecem a atividade do *gaba*, isto é, acentuam o efeito do freio.

Com isso, todas as emoções (indesejáveis ou não) ficam menos intensas, de modo que um desespero incontrolável transforma-se numa tristeza tolerável. Algumas vezes isso é suficiente para libertar a pessoa de sua concha melancólica e permite ao menos que ela se comunique com os outros – o que faz a diferença entre a renúncia e a esperança, entre a vida e a morte.

A que preço?

Os benzodiazepínicos estão longe de ser a sonhada poção mágica que traria alegria sem provocar dano. O uso prolongado (por mais de três ou quatro meses) pode levar à dependência, além de ocasionar problemas orgânicos, como gastrites e úlceras.

O uso médico fora da psiquiatria é limitado, mas essas substâncias ainda são usadas como relaxantes musculares e para controlar convulsões, nas epilepsias.

Mesmo em dosagens baixas, essas drogas afetam a coordenação motora, o que prejudica a execução de tarefas que exigem precisão, como dirigir um carro. Podem também provocar problemas respiratórios e sensação de asfixia, especialmente durante o sono; por isso, pessoas que sofrem de asma ou bronquite devem evitar esses medicamentos.

Os benzodiazepínicos não induzem o sono. Entretanto, se o que impede a pessoa de adormecer são os pensamentos tristes e angustiantes, a ação da droga contra a ansiedade pode, indiretamente, facilitar o sono. Será, porém, um sono sem sonhos, como o induzido pelos barbitúricos, com as mesmas consequências sobre a saúde mental, se usados por muito tempo. Para nosso equilíbrio psíquico, não basta dormir; também é preciso sonhar.

Como reconhecer a dependência

É frequente o desenvolvimento de dependência, mas ela é mais de cunho psicológico do que fisiológico. A pessoa continua a tomar a droga, mesmo depois de passado o período prescrito pelo médico, porque acredita que ainda precisa do medicamento e tem medo de passar sem ele.

Alguns usuários tendem a apelar para dosagens maiores do que a recomendada pelo médico, embora isso não pareça fruto da tolerância, mas, sim, da insegurança de alguém deprimido e assustado.

O corpo impõe seu limite

No homem, o uso prolongado de benzodiazepínicos pode afetar o mecanismo de ereção, dificultando a ejaculação. Em mulheres, a droga diminui a secreção vaginal, o que torna incômodo o ato sexual. Esses efeitos são reversíveis com a interrupção do uso da droga.

É provável que o quadro depressivo que se instalaria na ausência da droga também provocasse dificuldade e insatisfação na vida sexual. Parece que, através desses sintomas (dificuldade de ereção e falta de lubrificação vaginal), o corpo insiste em impor um limite para a abertura que o remédio tenta forçar.

Síndrome de abstinência?

A interrupção do uso de benzodiazepínicos deve ser cercada de cuidados. Devem ser ministradas dosagens progressivamente menores, sob acompanhamento médico, pois a síndrome de abstinência é geralmente violenta. São sintomas da abstinência insônia, ansiedade, tontura, vômito, fraqueza muscular, tremores e convulsoes.

Uma emergência perigosa – que exige socorro médico imediato – é a provocada pela mistura de benzodiazepínicos com álcool ou outros depressores do sistema nervoso, como maconha e narcóticos.

O que é mais forte do que a morte

Quando o intolerável sofrimento de um luto ou de uma separação nos faz desejar a morte, a ajuda que um medicamento tem a oferecer é limitada e transitória. Uma alteração na química do organismo pode, entretanto, tornar tolerável o fardo de estar vivo. Pode ajudar a arcar com as exigências do cotidiano. Isso justifica que, nessas situações, se recorra a um desses medicamentos. Mas o tratamento à base de remédios, embora necessário, não é suficiente para desfazer um eventual pacto com a morte.

Só a vida pode ser mais forte do que a morte, só uma paixão pode se contrapor ao luto.

Para reencontrar o interesse em sair da cama a cada manhã, para sentir de novo a graça de estar vivo a cada pôr de sol, para receber a noite sem temer o desespero do vazio, é preciso estar aberto ao inesperado, disposto a correr riscos: o risco de sucumbir ao sofrimento, por exemplo, ou de se apaixonar. Por alguém, por uma ideia, pela própria vida.

Mas nada disso acontece com quem está amortecido, com o freio de mão puxado.

· · ·

— *Mãe, acho que a gente devia pegar isso que você acaba de falar e fazer um pôster enorme, pra todo mundo pendurar no quarto e fazer lição de casa, todo dia, escrevendo umas 100 vezes que não se sai do desespero e do luto com droga nenhuma, só com uma paixão.*

— *O problema é que muitas vezes a tristeza usa com a gente a mesma artimanha que o bichinho da gripe. Lembra como eu falava quando vocês eram pequenos?*

— *Sei... Aquela história de que o bichinho da gripe, quando entra no corpo da gente, vai logo tirando a vontade de comer, pra gente ficar fraquinha e ele ganhar a briga contra a saúde dentro do nosso corpo. A artimanha era sua, mãe, pra fazer a gente comer sem vontade quando nós éramos pequenos.*

— *Pois o bichinho da depressão pode usar o mesmo truque: leva a pessoa a ter uma espécie de preguiça, que a deixa meio embotada e a impede de entrar em contato com situações que poderiam favo-*

recer o pacto com a vida. É aí que o remédio pode ajudar, tirando o deprimido da cama e ajudando-o a entrar na roda da vida.

– Achei bonita também aquela história de que o corpo se fecha e impõe seu limite e não acha graça na transa quando a tristeza é muita.

– A gente deveria ouvir mais o próprio corpo e respeitar suas mensagens sobre comida, bebida, sexo. O corpo (bichinhos de doenças à parte) é sábio, de uma sabedoria antiga, que vem da essência mesmo do humano e...

– Mãe, e o "sim" do corpo? Também tem de ser obedecido sempre?

20. LSD - LUCY IN THE SKY WITH DIAMONDS

OS ANOS 1960 FORAM ESPECIAIS. Nessa década, o mundo assistiu, atônito, à explosão do poder jovem (consagrado pela minissaia e pelo Festival de Woodstock), à chegada do homem à Lua, à primeira guerra transmitida pela TV. Foi a época da exaltação da liberdade e do amor, dos movimentos místicos, da música dos Beatles.

Apesar de o quarteto de Liverpool negar, o título de uma de suas mais conhecidas composições – "Lucy in the Sky with Diamonds" – provavelmente era uma alusão ao *LSD* (do alemão *Lysergsäurediethylamid* ou dietilamida do ácido lisérgico), a droga que celebrava uma nova religião, condensada no dístico "paz e amor", cujo sacerdote-mor foi Timothy Leary, egresso da vetusta Universidade de Harvard, onde tinha sido professor de Psicologia.

Dietilamida do ácido lisérgico ou, simplesmente, ácido lisérgico

Em 1943 o químico alemão Albert Hoffman estava trabalhando em um laboratório suíço quando achou que tinha enlouquecido. Ele estava empenhado em sintetizar os derivados do ácido lisérgico, substância que diminui o sangramento após o parto. Uma tarde teve de interromper o trabalho, por causa de estranhos sintomas alucinatórios. Como, mesmo transtornado, ele não deixava de ser um cientista, logo associou sua "loucura" à droga com a qual trabalhava.

Os efeitos do ácido lisérgico são semelhantes aos de um surto esquizofrênico, em que se perde a aparente unidade da mente e a relação com a realidade fica alterada. Daí surgiu a ideia de que o ácido lisérgico poderia esclarecer o mecanismo da esquizofrenia ou até contribuir para o seu tratamento e de outras doenças mentais. Nas décadas de 1960 e 1970, essa crença levou alguns psiquiatras a usar a droga com seus pacientes como coadjuvante de terapias. Mas a expectativa gerada em torno do ácido lisérgico logo se revelou não só falsa (o que levou rapidamente ao abandono do uso médico da droga) como prejudicial. Tanto que, no final da década de 1990, alguns dos pacientes americanos que tinham usado a droga sob supervisão médica moveram processos contra o governo dos Estados Unidos por ter permitido essas experiências sem levar em conta o pouco conhecimento que se tinha sobre os efeitos em longo prazo do uso do ácido. Essas pessoas alegaram que, passados mais de 30 anos, ainda não conseguiam ter uma vida totalmente normal, pois estavam sujeitas a constantes recaídas, com delírios e lapsos de consciência.

Como age o LSD?

A potência do LSD só é comparável à toxina produzida pelo bacilo do tétano, que é ativa em doses medidas em microgramas (1 micrograma equivale à milionésima parte de 1 grama, ou à milésima parte de 1 miligrama). O LSD interfere na função fisiológica da serotonina, um neurotransmissor que atua diretamente no cérebro.

Como todos os alucinógenos, o LSD pode provocar delírios, alucinações e ilusões, mas tem alguns efeitos peculiares, como a inversão figura/fundo e as sinestesias.

Sinestesias?

Você conhece o jogo da imagem? É assim: uma pessoa sai da sala e as outras escolhem alguém do grupo para ser retratado por imagens. A pessoa que saiu tem de adivinhar, baseada em perguntas e respostas, quem está sendo retratado. Mas as perguntas têm de ser todas de imagens, assim: "Se essa pessoa fosse uma flor, que flor seria? E se ela fosse um personagem de história em quadrinhos? Se fosse um bicho? Uma comida? Um meio de transporte? Uma roupa? Um país?". Com base nas respostas a essas questões, o adivinhador tenta montar a imagem de uma pessoa e descobrir a qual dos participantes da brincadeira ela corresponde. Deu para entender?

Pois a sinestesia é uma espécie de jogo da imagem produzido pelos impulsos nervosos, sob o efeito do LSD. Como se os fios da condução do impulso estivessem embaralhados, uma cor é capaz de evocar não só um padrão visual, mas também um cheiro, um sabor, uma tonalidade sonora.

Quer ver como funciona?

Pense na cor verde. Agora procure imaginar um sabor associado a essa cor. Ou, na linguagem do jogo da imagem: Se essa cor fosse um gosto, qual seria? E se fosse um cheiro? E se fosse um som?

Agora, faça a mesma coisa com o vermelho.

Não sei que respostas você deu, mas para mim o verde seria um gosto de menta, com cheiro de lavanda e som de flauta; enquanto o vermelho seria um gosto picante, com cheiro de almíscar e som de piano.

Tudo bobagem... O que eu quero mostrar é que a cabeça da gente é capaz de criar, sozinha, as mesmas bobagens que a droga.

O que não é novidade nenhuma, mas não custa repetir.

E a inversão figura/fundo?

Existem imagens feitas especialmente para a gente brincar com isso. Uma delas é bastante conhecida: olhando de um ângulo, parece uma velha senhora com uma gola de pele; de outro ângulo, parece uma moça com um chapelão com pluma.

Com uma técnica mais elaborada, mas com o mesmo princípio básico, as ilustrações do livro *O Olho Mágico*, da Thing Enterprises, lançado no Brasil em 1994, criam a ilusão de terceira dimensão: quando se olha para a página de certo jeito, destaca-se do fundo uma figura em terceira dimensão com a maior nitidez.

Na ilustração abaixo, há um exemplo do efeito provocado pela inversão entre figura e fundo.

Imagem do livro *Escher*, Editora Taschen, 1994.

Neste desenho, criado pelo intrigante artista plástico Escher, você pode ver peixes que se transformam em pássaros (ou pássaros em peixes, conforme o jeito de olhar). Em outros quadros do mesmo artista há escadas ou torrentes de água que sobem ou descem, dependendo de como se olha.

Sob o efeito do LSD o mundo parece fazer essa mesma brincadeira, de virar e desvirar do avesso, mudando as imagens que se destacam do fundo. Em vez de você perceber a mesa, a cadeira e o quadro, com a parede como fundo, o que ressalta são os espaços que os vazios entre esses objetos recortam na parede.

Mas você é capaz de ter essa mesma percepção sem usar LSD. Experimente olhar para os vazios entre os objetos na sala em que você está agora, só para comprovar a falta de originalidade das criações das drogas.

Se faz isso com as ideias, o que faz com o corpo?

Os efeitos físicos do LSD são desproporcionais aos impressionantes efeitos psicológicos. A droga provoca dilatação das pupilas, transpiração abundante, taquicardia, elevação da temperatura, náuseas e vômitos.

Algumas dessas reações (dilatação das pupilas, transpiração abundante, taquicardia) talvez sejam provocadas mais pela ansiedade da experiência emocional do que pelo efeito fisiológico do ácido lisérgico.

Outro efeito específico dessa droga é intensificar os estímulos que estão presentes no ambiente no momento da experiência. Daí a importância das circunstâncias que cercam essa experiência: Com quem ela será usada? Quando? Para que finalidade?

O maior perigo do LSD não está em seus efeitos físicos, mas na perturbação psíquica, que leva à perda da habilidade de avaliar situações de risco. Com a confusão mental que se instala, o usuário imagina ter capacidades ou forças que não tem. Pode, por exemplo, acreditar que é capaz de voar e atirar-se de uma janela.

Por que tanto susto?

Nenhuma outra droga nos coloca tão perto da experiência da loucura como o LSD. E poucas fantasias são tão assustadoras quanto a possibilidade de enlouquecer.

Talvez porque a gente sinta que a loucura é uma ameaça próxima, quase como se soubéssemos que ela nos espreita, logo ali, pertinho, o tempo todo: um tropeção e ela nos invade, toma posse da nossa vida. Afinal, quantos lampejos da mais pura irracionalidade vivemos todos os dias?

Alguns exemplos cotidianos: você liga para um número de telefone e, quando a pessoa atende do outro lado da linha, você fica com cara de idiota, pois não era para lá que queria ligar e podia jurar que tinha ligado para o número de um amigo. Ou: você abre o armário da cozinha e fica ali, estatelado, com o olho paradão, procurando... Como foi mesmo que você foi parar na cozinha?

Pura loucura. E a gente inventa as explicações mais tranquilizadoras (que estava com fome, que precisava mesmo falar com o amigo), mas no fundo sabe que essas vivências são como que fugazes visitas da loucura.

Ou seja: como a loucura não está longe, a experiência com o LSD pode ser apavorante, pois nos coloca cara a cara com ela.

Existe a tal viagem sem volta?

Há casos de pessoas que, depois de uma única experiência com o LSD, não conseguiram refazer o vínculo com a realidade. É o que alegaram, por exemplo, pessoas que usaram o ácido sob supervisão médica nos Estados Unidos e que, passados mais de 30 anos, processaram o governo daquele país. Mas é difícil discriminar, nesses casos, se foi a droga que induziu a loucura ou se a experiência apenas trouxe à tona uma esquizofrenia em alguém cujo equilíbrio já era precário.

Por isso o LSD é especialmente perigoso para uma pessoa que tenha certa fragilidade mental. E quem conhece a solidez de sua saúde mental? Onde existe um instrumento objetivo para medir isso?

O certo é que uma má viagem com o LSD pode ser muito ruim, com sensações vívidas de deformações corporais, visões assustadoras, sensação de morte iminente. E, por um mecanismo ainda não desvendado, essas experiências podem retornar a qualquer momento, com a mesma nitidez, até meses ou anos depois, num fenômeno denominado flashback. Sem droga nenhuma.

O que eu faço com esse doido do meu lado?

Se seu amigo estiver numa má viagem, tente não enlouquecer junto. Ter ao seu lado alguém que parece percorrer os caminhos do inferno pode ser quase tão assustador quanto entrar numa má viagem: existe até o risco de embarcar de carona nessa trajetória. Então, o mais importante é manter a calma e procurar servir de âncora para o companheiro que navega à deriva.

O efeito agudo do LSD passa em poucas horas. Não há risco de vida (o ácido, em si, não mata). Se, porém, os sinais vitais ficarem muito alterados (temperatura elevada, palpitações, aumento da pressão), procure ajuda médica.

...

– Como é isso da loucura ficar tão próxima? Você não está exagerando?

– É difícil medir a que distância de cada um de nós está a loucura. Em todo caso, ela não está longe. Basta lembrar a quantidade de pequenas alucinações que fabricamos todos os dias. E nem sempre dá pra tirar a limpo o que é real e o que é invenção, de modo que a gente nem sabe direito das loucuras que inventa.

Ela ficou por ali, calada, mas inquieta, um bom tempo.

– *Mãe, você não vai mesmo responder a minha pergunta?*

– *Qual pergunta? Não respondi a todas?*

– *Você já experimentou alguma dessas drogas?*

– *Não é da sua conta.*

– *Mas é da conta do seu leitor. Tenho certeza de que ele está se perguntando isso desde que começou a ler o seu livro. Como é que você pode saber o que uma droga provoca sem experimentar? Acho que as pessoas não vão levar a sério o que você diz sem ter certeza de que você sabe do que está falando.*

– *Eu não digo de que cor as pessoas enxergam o amarelo quando fumam um baseado. Nem descrevo o gosto que elas sentem ao comer um pimentão depois de cheirar uma carreira de cocaína. Para fazer esse tipo de afirmação eu teria de ter uma experiência direta. Um ginecologista não precisa tomar pílulas anticoncepcionais para saber que efeito elas provocam no organismo de uma mulher. Nem o obstetra tem de parir meia dúzia de bebês para acompanhar e orientar uma parturiente.*

– *Pode ser, mas desde a antiguidade o ofício de parteira sempre foi exercido por mulheres.*

Ora.

21. ECSTASY, SANTO DAIME & CIA. – ACEITA UM CHAZINHO?

QUASE TODAS AS SUBSTÂNCIAS QUE provocam alucinações começaram a ser utilizadas como elemento de rituais religiosos. Usadas nesse contexto, na presença de um guia espiritual a orientar a experiência, é menor a probabilidade de uma má viagem.

Uma dessas substâncias, a mescalina, retirada de um cacto natural do México chamado mescal, é utilizada em cerimônias religiosas há séculos. A mescalina age sobre a fisiologia dos neurotransmissores dopamina e noradrenalina, que têm estrutura química semelhante. Tornou-se conhecida a partir de uma série de livros de Carlos Castañeda, que faz expressivas descrições dos efeitos da droga.

Santo Daime e o cipó que virou santo

O nome da seita Santo Daime deriva da ladainha cantada durante as cerimônias religiosas: "Santo, dai-me luz, dai-me amor, dai-me paz...". O chá do Santo Daime, também chamado *ayahuasca*, é produzido pela mistura de um cipó, o jagube ou mariri (*Banisteriopsis caapi*), com as folhas de um arbusto, conhecido como planta-rainha ou chacrona (*Psychotria viridis*). Depois de macerados, o cipó e as folhas são misturados com água e levados a ferver por 2 a 3 horas. As duas plantas são nativas da Amazônia, onde se originou a seita. O chá do Santo Daime é amargo e é ingerido como parte do ritual.

Ingerido frio, o chá provoca violentas reações corporais, como vômitos e cólicas abdominais, e seus efeitos se fazem sentir por cerca de 5 horas. As maratonas religiosas, durante as quais os fiéis entoam cânticos e dançam, podem durar até 10 horas. Durante esse período as pessoas ficam expostas às mirações, nome dado às visões que a bebida provoca. Segundo alguns terapeutas, essas mirações revelam tudo aquilo que um processo de defesa está bloqueando – o que não é necessariamente uma vantagem.

A doutrina do Santo Daime foi criada na década de 1930 por Raimundo Irineu da Serra, um lendário negro de quase 2 metros de altura que viajava pela Amazônia com o marechal Rondon. Ele teria aprendido a utilizar o chá com os índios andinos ao longo da fronteira. O complexo e delicado ritual da *ayahuasca* é uma prática milenar dessas culturas.

A substância que provoca as visões é a dimetiltriptamina, que existe na folha da chacrona. O cipó tem a função de impedir o metabolismo de degradação da triptamina, que assim permanece ativa no organismo por mais tempo.

Há controvérsias quanto ao poder viciante da beberagem, que reconhecidamente provoca irritação da mucosa gástrica e inflamação do fígado. O chá não está catalogado como alucinógeno, e seu consumo não é proibido, pois não há provas de que a *ayahuasca* cause dependência.

De qualquer maneira, a droga não se presta a programas descompromissados ou baladas: o preparo adequado do chá exige o trabalho demorado e engajado de muitas pessoas. As reações orgânicas decorrentes de seu uso são, inicialmente, violentas e desagradáveis. E as cerimônias religiosas implicam horas e horas de uma coreografia monótona, ao som dos intermináveis cânticos que compõem o hinário da seita. Tudo isso configura um preço alto demais para quem está interessado em uma emoção rápida e sem maiores envolvimentos.

E o chá de lírio?

As daturas são arbustos ornamentais muito usados como cercas vivas. Com suas flores prepara-se uma infusão intoxicante (chá de lírio) cujos efeitos são mais de natureza física do que psíquica. O oposto do que acontece com o LSD.

Ao que tudo indica, as sensações psicológicas de quem toma o chá são calcadas nas alterações físicas que a droga provoca, por meio de um mecanismo parecido com o dos sonhos, que às vezes incluem em seu enredo sensações físicas que acometem a pessoa durante o sono. Uma dor de barriga, por exemplo, pode aparecer no sonho como uma punhalada no abdome ou como um parto; uma falta de ar transforma-se num sonho de afogamento.

Assim, as alegadas perturbações visuais, que dão sustentação a visões fantasiosas, são provavelmente provocadas pela dilatação da pupila, induzida pela atropina, principal substância ativa da datura. As sensações de voos e de mergulhos relatadas pelos usuários parecem derivar do efeito da droga sobre os centros de equilíbrio.

Os efeitos físicos do chá de lírio são intensos e amplos porque a atropina bloqueia a atividade de um neurotransmissor importante, a acetilcolina, que age em vários órgãos. Além da dilatação das pupilas, há retenção de urina (o que pode ser doloroso), aceleração dos batimentos cardíacos e brusca elevação da temperatura, o que pode provocar convulsões.

A planta existe em todo o Brasil e foram encontrados registros de envenenamentos de escravos com ela nos tempos do Império.

Aceita uma balinha?

Quimicamente semelhante à mescalina, o ecstasy também induz alterações da percepção, além de provocar um sintoma estranho e específico, denominado bruxismo, que consiste num incômodo travamento do maxilar: a pessoa fica com a mandíbula paralisada, sem conseguir abrir ou fechar a boca.

Metilenodioximetanfetamina (MDMA) é o nome científico do ecstasy (o apelido foi criado depois de uma verdadeira pesquisa de mercado entre traficantes de drogas; *empathy* – que significa empatia – foi o segundo colocado). A droga foi sintetizada pela primeira vez na Alemanha, em 1914, para ser usada como remédio para emagrecer, mas só chegou ao mercado na década de 1950 – e nunca chegou a se popularizar como inibidor do apetite. O uso só atingiu níveis preocupantes por volta de 1985, quando a droga passou a frequentar as baladas, as raves.

Em São Paulo, a primeira apreensão de destaque ocorreu em 1995, quando um casal foi flagrado com mil comprimidos da droga, que seria vendida em uma danceteria frequentada por jovens de classe média alta.

O "cliente" paga por sensações de euforia, de proximidade e de abertura em relação aos outros e pela exacerbação da autoconfiança e da sensualidade; mas o pacote que ele compra contém também sudorese, sensação de pânico, convulsão, elevação da temperatura do corpo, taquicardia, coma – o risco de morte ameaça até quem usa a droga uma única vez.

O que se vende como ecstasy cobre uma ampla gama de substâncias, desde o MDMA puro até as mais variadas combinações com LSD, cafeína, anfetaminas, anti-histamínicos (remédios para alergias), antigripais, morfina e estricnina. Assim, quem usa a droga não sabe bem o que está ingerindo, o que dificulta a identificação dos sintomas e o tratamento da overdose.

O efeito geral é o de um poderoso estimulante, que aumenta a um ponto perigoso a capacidade de ultrapassar os limites fisiológicos do corpo. Com isso, o usuário não percebe sinais de cansaço, fome, sede – daí a popularidade do ecstasy em baladas, que se transformam em verdadeiras maratonas. Em um espaço superlotado, o sujeito passa horas dançando loucamente, suando em bicas, sem sentir cansaço nem sede. A desidratação e o bloqueio do suprimento sanguíneo podem levar a ataques cardíacos fulminantes.

Os primeiros efeitos surgem de 20 a 60 minutos após a ingestão: uma vez engolida, a droga entra na corrente sanguínea e atinge o cérebro, provocando secura da boca, sudorese e aumento dos batimentos cardíacos e da pressão arterial. O auge dos sintomas acontece depois de 6 horas e se mantém por aproximadamente 12 horas. Mas as dores musculares, a sensação de cansaço e a depressão podem perdurar por alguns dias. Os americanos chamam de *blue monday* (segunda-feira triste) a depressão que muitas vezes surge no dia seguinte ao uso da droga.

O mecanismo de tolerância, como acontece com outras drogas, é seletivo, isto é, não se instala, para todos os efeitos, ao mesmo tempo. A tolerância é mais rápida para os efeitos psíquicos do que para os físicos, e assim, para obter a mesma sensação, o usuário expõe-se a alterações fisiológicas cada vez mais intensas.

De onde veio essa onda?

Da mesma forma que o LSD, o ecstasy ganhou fama, principalmente nos Estados Unidos, entre terapeutas mais ousados, que acreditavam que a droga faria uma espécie de atalho para o inconsciente de seus pacientes. Isso aconteceu principalmente porque um dos efeitos da droga parece ser o desbloqueio de algumas lembranças esquecidas; em geral, lembranças dolorosas, que provavelmente foram bloqueadas por um mecanismo de defesa inconsciente, para preservar o sujeito do sofrimento. No entanto, o objetivo de um processo terapêutico não é fazer o paciente se lembrar de lembranças esquecidas, mas, sim, ajudá-lo a não precisar se defender de recordações penosas – e isso nenhuma droga é capaz de fazer.

Como age essa droga?

O ecstasy estimula a produção – e inibe a reabsorção – de serotonina e dopamina, neurotransmissores responsáveis pela sensação de bem-estar. Assim, essas sinapses permanecem ativas por mais tempo. Mas o uso da droga faz com que o organismo diminua a taxa de produção natural dessas substâncias, e é isso que leva à depressão.

Sob o efeito do ecstasy, a pessoa fica exposta a uma estimulação contínua, que a leva a falar, dançar e pular como um motor em alta rotação. Mas motores em alta rotação em atividade prolongada inevitavelmente sofrem com superaquecimento. Com o corpo fervendo a temperaturas que chegam a 42 graus, os rins entram em colapso se houver ingestão repentina e excessiva de água – há relatos de jovens que morreram de congestão hídrica após a ingestão de 14 litros de água.

Um êxtase ainda mais arrebatador?

MDA é o nome popular da droga tenanfetamina, um alucinógeno derivado da anfetamina. É um produto de laboratório, análogo ao MDMA, com efeitos parecidos com os dessa droga. Foi patenteado na década de 1960 como calmante da tosse e tranquilizante.

Essa droga, mais potente do que o ecstasy, provoca mudança na percepçao do tempo e do espaço (nisso o MDA é parecido com a maconha), a audição e o tato do usuário ficam exacerbados, e doses elevadas provocam alucinações semelhantes às provocadas pelo LSD.

No organismo, aumenta a frequência dos batimentos do coração e a pressão arterial. A temperatura corporal também é afetada. Os músculos da mandíbula podem ficar tensos (bruxismo). Os usuários tendem a ficar irritadiços e desconfiados.

Os efeitos desejados diminuem com a repetição do uso (isto é, a droga provoca tolerância), enquanto os efeitos indesejados aumentam. Os sintomas de overdose variam de pessoa para pessoa, mas incluem sudorese e agressividade e podem ser graves o bastante para levar à morte.

Pílula do amor?

O GHB (ácido gama-hidroxibutírico) é a droga das raves. Conhecida como ecstasy líquido, o GHB é incolor, não tem cheiro e é levemente amargo. Já foi usada como anestésico e por fisiculturistas como alternativa aos esteroides.

O codinome "pílula do amor" é totalmente mentiroso: seu uso está associado à violência sexual, que de amor não tem nada. É muito potente e, mesmo em pequenas doses, pode provocar intoxicações graves. O efeito começa no máximo em meia hora e dura de 2 a 5 horas. Junto com o álcool, como é muitas vezes consumida nas raves, é uma mistura de alto risco, pois o álcool potencializa o efeito depressor do GHB, o que pode levar até ao suicídio.

Anestésico para cavalos?

A quetamina (do inglês *ketamine*), também conhecida como *K*, *key* e *special K*, é um anestésico veterinário que vem marcando presença em baladas e raves. Em doses baixas, tem o poder de aumentar o nível de energia, mas em doses mais elevadas leva o usuário a ficar chapado, anestesiado, sem sentir o corpo. Pode causar alucinações e a estranha e assustadora sensação de estar fora do corpo. Uma dose maior pode tirar do usuário a noção do espaço e de si mesmo. Essa sensação é conhecida como *K hole* (buraco *K*). A pessoa sente que é impossível se mover ou falar. Engolir ou respirar pode ficar difícil. Os efeitos duram de 45 minutos a uma hora e meia, se a droga for cheirada, e até 3 horas, se injetada ou ingerida.

O uso frequente pode causar ansiedade, depressão, pensamentos suicidas e perda de memória. Algumas pesquisas indicam que o abuso de quetamina pode causar problemas na bexiga e nos rins. As infecções de bexiga causada pela excreção das toxinas do *K* são resistentes a antibióticos e fazem com que os usuários queiram urinar mais frequentemente, enquanto o volume de urina é menor do que o normal. Casos mais graves podem causar lesões permanentes nos rins.

O que fazer se o amigo entrou no buraco?

Em geral a quetamina é consumida em baladas, no meio de uma multidão de pessoas, música alta e luzes piscantes. Péssimo ambiente para quem está entrando num buraco (o tal *K hole*) e deve imaginar que está entrando no próprio buraco do demônio, isto é, no inferno. Então é preciso tirar o amigo rapidinho desse lugar, levá-lo para um espaço mais ventilado, fresco e sossegado e tentar tranquilizá-lo, garantindo que esse momento vai passar e que ele ficará bem. (Se você não acreditar no que está dizendo e estiver tão aflito quanto seu amigo, melhor pedir ajuda a alguém mais calmo.)

Perigo maior é injetar a quetamina. Por essa via a dependência é mais rápida e o risco de overdose é muito maior. Se, para completar o quadro de horrores, a roda estiver compartilhando seringas e agulhas, pode acrescentar o risco de contaminação por aids e hepatite C.

●●●

— Acho que não faz o menor sentido colocar o ecstasy e a quetamina ao lado do Santo Daime, no mesmo capítulo. O que uma mistura natural, usada num ritual religioso, tem a ver com uma droga química usada em baladas?

— Pois essas festas me parecem também com rituais tribais, em

que todos ficam meio hipnotizados, sob o efeito do ritmo de tambores.

– Mãe, isso é um desrespeito! Nas tribos indígenas essas danças são feitas para aproximar as pessoas dos deuses, têm um sentido de confraternização, de purificação, sei lá. Não dá para comparar com as exibições "cada um na sua", carne no açougue, que as raves promovem com o auxílio de ecstasy e quetamina.

– Vai ver que cada época tem a religião e o ritual que merece. O ecstasy e a *quetamina* são *legítimos representantes dessa tendência ao isolamento e ao descontrole que parece encantar tanta gente.*

22. LANÇA-PERFUME, COLA DE SAPATEIRO – O CHEIRO QUE DÁ BARATO

NO COMEÇO DO SÉCULO XX, os gases anestésicos usados em cirurgias rápidas, principalmente dentárias, passaram às festas com o nome de "gases hilariantes", embora não se saiba o que eles tinham de hilário. Essa era a arma predileta do Coringa contra o Batman, que, quando atacado com esses gases, era compelido a gargalhar até a exaustão – e não achava isso nada engraçado. Mas o pessoal parece ter se divertido muito, pelo menos durante algum tempo.

Um derivado desses gases – o éter – é usado no lança-perfume. Ao ser aspirado, o éter contido no lança-perfume provoca uma rápida e efêmera sensação de euforia, seguida por tontura e moleza no corpo. Doses posteriores fazem a pessoa adormecer, o que é perigoso, porque ela pode entrar em coma sem que ninguém perceba.

Utilizado em bailes desde o começo do século XX, o lança-perfume foi proibido no começo da década de 1960 por conter substâncias nocivas à saúde. Mas até hoje é usado ilegalmente. A droga já passeou em festas do meio universitário, em micaretas e chegou a dominar o mundo do funk paulista. O lança-perfume usado atualmente é mais potente que as misturas dos bailes de carnaval de antigamente.

A composição da droga é muito variável, e o frasco não tem rótulo que exponha a fórmula, o que dificulta o socorro em casos de overdose. O rebite da droga é tão poderoso que algumas pessoas desmaiam ou caem logo depois de experimentar. A queda pode ter consequências fatais se o sujeito bater a cabeça, por exemplo.

Também vendido como um tipo de lança-perfume, o cheirinho da loló tem sido muito usado nas raves. É uma mistura que contém várias essências, à vontade do freguês: morango, baunilha, uva... Tem de tudo. A essência serve para mascarar o cheiro do solvente. Vendido em pequenos frascos, idênticos àqueles usados em amostras grátis de perfume, o cheirinho da loló está matando.

Algumas vezes usam-se paninhos embebidos com lança--perfume, que são cheirados durante as festas. Começaram a ser usados também solventes, removedores de esmalte e alguns tipos de colas, que, inalados, provocam alterações de consciência. Até benzina ou gasolina são usadas. Essa costuma ser a primeira experiência com drogas, muitas vezes por acaso. São populares entre crianças e adolescentes de todas as classes sociais.

De todas essas substâncias, a mais usada pelas gangues infantis de rua é o tolueno, um solvente de cola presente na cola de sapateiro ou de aeromodelismo. Ao ser inalado, o tolueno entra na corrente sanguínea e daí passa para o cérebro sem que sua estrutura química sofra alterações. A droga provoca depressão do sistema nervoso por cerca de 45 minutos. No estágio inicial há uma sensação de euforia e excitação semelhante à provocada pelas primeiras doses de álcool. Depois a pessoa fica sonolenta. Às vezes surgem alucinações, como as provocadas por alucinógenos.

Riscos

O uso frequente dessas substâncias voláteis leva a perda irreversível de memória e a confusão mental, por provocar lesões nos centros nervosos. Essas drogas também são responsáveis por problemas de coordenação motora e fraqueza muscular, porque as lesões atingem os nervos motores. Em longo prazo, causam paralisia das pernas.

Mas o risco maior é o de overdose acidental, porque é difícil controlar a dose de uma droga inalada, já que o volume aspirado varia a cada cheirada. Mesmo um inalador experiente não sabe quanta droga vai passar ao seu sistema nervoso depois de uma aspiração e está exposto a um acidente fatal, provocado por parada cardíaca ou respiratória.

A técnica usada para a aspiração é perigosa, pois consiste em colocar a droga no fundo de um saco plástico e enfiar a boca e o nariz nele, vedando-o. O risco de asfixia é óbvio, principalmente depois que o sujeito fica meio tonto, por ação da droga, e não consegue livrar-se da armadilha – e para acontecer um acidente grave bastam poucos segundos. A consequência será morte ou lesão cerebral, como nos acidentes cirúrgicos com anestésicos. A asfixia é a principal causa de morte com essas drogas.

Também acontecem acidentes fatais provocados pela sensação de onipotência que as drogas voláteis podem induzir. Nessas condições, o sujeito pode atirar-se diante de um carro, certo de que será capaz de escapar no último minuto, ou jogar-se de uma janela do décimo andar, convencido de que é capaz de voar.

A droga pode, também, provocar o efeito oposto, isto é, sensações de depressão e impotência. As consequências podem ser igualmente trágicas: se alguém se atira de uma janela do décimo andar, tanto faz se o gesto foi motivado pela ilusão de ser capaz de vencer a gravidade ou pelo profundo desamparo de não se sentir capaz de enfrentar as agruras do cotidiano. O resultado da queda será o mesmo.

Parte da substância aspirada é eliminada diretamente pelos pulmões, por meio da respiração. Outra parte é metabolizada no fígado, e seus resíduos são excretados na urina.

Como acudir alguém em risco?

Uma medida prudente consiste em não deixar sozinha, nem por um momento, uma pessoa sob o efeito de qualquer dessas substâncias. Basta um instante de impotência ou de onipotência para um acidente fatal. A gente não imagina a quantidade de objetos potencialmente perigosos presentes no ambiente que nos cerca: facas, estiletes, tomadas elétricas, janelas, remédios, tudo isso está sempre por aí, ao alcance da mão. Qualquer coisa normalmente inocente pode transformar-se em uma arma mortal, da qual é preciso proteger quem esteja sob o efeito de um desses solventes.

• • •

– Uma droga assim perigosa e viciante pode ser comprada, calmamente, no supermercado, na loja de materiais de construção, como se fosse inofensiva? A venda desses venenos também tinha de ser controlada. Deviam exigir algum tipo de receita.

– De quem? Do pedreiro? Do sapateiro? Não, não é por aí. Não adianta proibir... Será sempre possível achar algum jeito de brincar perigosamente com a química da própria cabeça. O único caminho é informar, deixar as pessoas conscientes dos riscos que correm. Quando criaram a Lei Seca, nos Estados Unidos, na década de 1930, proibindo o comércio de bebidas alcoólicas, só conseguiram ampliar o submundo do crime, sem resolver o problema do alcoolismo. Sempre que se diminui a oferta de um produto sem diminuir a demanda, o único resultado é o aumento do preço. As campanhas a respeito dos malefícios do fumo foram bem-feitas e esclarecedoras, o que fez diminuir o consumo de cigarros. O caminho é este, não o da proibição.

– É, tem que informar e também tornar o mundo mais divertido. Desse lado ninguém nunca fala. Parece que a vida dos adultos é tão chata, tão sem graça, que a gente quer mais é não entrar nela.

– Agora é você que está entrando na linha do "Só pelo amor vale a vida".

– Quase. O que eu estou dizendo é que sem paixão não dá.

Não dá mesmo.

– Mãe, tem outro palpite que eu queria dar faz tempo. Você está escrevendo este livro pra moçada, mas eu tenho certeza de que os pais vão ficar peruando, lendo por cima do ombro dos filhos, nem que seja só pra ver que droga é essa que eles têm na mão.

– Assim como você faz comigo? Fica lendo pelas minhas costas, enquanto eu escrevo?

– É, mais ou menos isso. Então... eu acho que você devia escrever um capítulo especial para os pais, porque eu garanto que é isso o que eles procuram saber o tempo todo.

– E que capítulo seria esse?

– É óbvio: "Como Saber Se Meu Filho Usa Drogas".

– Assim, direto, numa lista de dez itens?

– Os pais adorariam.

– Talvez, mas essa lista não existe. Em todo caso, acho que você está certa. Os pais merecem uma atenção especial. Uma palavrinha para eles, a seu pedido, minha filha.

4

FIM DE PAPO. OU RECOMEÇO?

23. O PIPOQUEIRO
E O MORDOMO

R. ANDAVA ESTRANHO E ARREDIO. Ainda era o filho carinhoso que sempre tinha sido, mas algumas mudanças em suas atitudes, dentro de casa, eram desagradáveis. E inexplicáveis.

Estava, por exemplo, sempre irritado, tenso, ansioso. Não tinha a menor paciência com os irmãos, perdia a esportiva com a maior facilidade. Sabe como é: pavio curto.

O pai desculpava: essa fase é assim mesmo, ele também tinha sido um adolescente rebelde e carrancudo. Com o tempo, tudo se resolveria.

Alguns objetos de valor começaram a sumir da casa, em condições tais que era impossível desconfiar de qualquer pessoa de fora. Os pais foram, então, obrigados a se render à evidência de que R. devia estar metido em alguma encrenca. E o pai se dispôs a conversar abertamente com o garoto, de homem para homem.

Dessa vez, o filho nem tentou disfarçar com evasivas. Confessou não apenas que era o autor dos roubos, mas também declarou, envergonhado e em prantos, que estava havia algum tempo usando cocaína e tinha contraído uma dívida com o traficante. Agora acumulada, a quantia representava um montante elevado, e o garoto vivia sob ameaça constante, pois o traficante passara a exigir pagamento imediato. Apavorado, R. pediu ao pai que lhe desse dinheiro para saldar a dívida.

O pai, ao saber que o traficante era C., um colega do filho que havia anos frequentava a casa, não acreditou na seriedade da ameaça. Apesar dos protestos de R., resolveu comparecer no lugar do filho ao encontro marcado pelo traficante, numa última oportunidade que este concedia para o acerto das contas.

Ao se deparar com o rapaz conhecido havia tanto tempo, o pai assumiu o tom autoritário de quem não se deixa intimidar à toa. Declarou, curto e grosso, que ninguém pagaria mais nem um tostão daquela dívida suja. Disse mais: se C. insistisse em ameaças, ele não teria a menor hesitação em denunciá-lo à polícia.

A resposta de C. foi ainda mais curta e mais grossa: fulminou o pai do amigo com um tiro.

O assassino é sempre o mordomo

Um mecanismo tranquilizador, que nos ajuda a viver com alguma sensação de segurança num mundo cheio de perigos, consiste em dividir a humanidade em duas partes: nós e os outros.

O recorte que define a porção *nós* varia de uma situação para outra e depende de qual parcela do Universo nos interessa separar em duas partes. Alguns exemplos: nós, os brasileiros (os *outros,* naturalmente, são todos os estrangeiros); nós, as mulheres; nós, os pais; nós, os corintianos.

Nesse tipo de atitude, está sempre implícito que, dentro

da tribo do *nós*, estamos em segurança. *Nós* somos de confiança. O perigo está nos *outros*.

É incômodo conviver com a ideia de que o perigo pode estar escondido entre nós. Por isso é fácil criar e manter mitos como o do mordomo assassino ou do pipoqueiro vilão, que sorrateiramente introduz a droga no caminho dos nossos filhos ou dos nossos amigos. Só que nem sempre é assim.

No final da década de 1980, uma pesquisa feita em Belo Horizonte ouviu 1.600 jovens para saber como eles haviam iniciado suas experiências com drogas. Destes, 90% tinham, na primeira vez, consumido drogas oferecidas por amigos, conhecidos ou namorados.

O perigo senta ao lado

Os pequenos traficantes de drogas das escolas são gente como você e como eu, não como os bandidos do Cartel de Medellín nem como os facínoras típicos das páginas policiais, embora possam ser tão violentos quanto eles. Seriam considerados bons partidos pelas melhores e mais tradicionais famílias: vestem-se bem, conversam com desenvoltura, podem até ser bons alunos.

Em geral, não é pela esperança de enriquecer que eles entram no negócio das drogas. Muitas vezes são pessoas inseguras, que querem se valorizar diante dos colegas. Outras vezes, são dependentes que procuram simplesmente economizar, tirando sua parte em espécie, como porcentagem da venda aos colegas. Fazem como o agenciador de viagens de turismo que ganha sua passagem de graça se conseguir dez clientes para a agência.

Mas a viagem que eles oferecem é das mais arriscadas.

Pais rebeldes, filhos caretas?

Na segunda metade do século XX, quando muitos dos pais de hoje enrolavam seus cigarros de maconha e ouviam músicas de protesto, o consumo de drogas estava associado a uma rebeldia da juventude. Acreditava-se que, se os adultos assumissem uma atitude mais aberta e tolerante, o problema deixaria de existir. Só que a atitude complacente de alguns pais de hoje não está resolvendo o problema das drogas nem diminuindo seu poder de atração.

De qualquer maneira, a história de R. (que é verdadeira) indica que a cegueira dos pais continua a mesma. Sua ilusão de onipotência também.

Como aconteceu com os pais da Bela Adormecida.

Meu filho corre o risco de ficar dependente?

Todos nós, seres humanos, corremos esse risco, embora muitos acreditem que só as pessoas fracas ou problemáticas são candidatas a se viciar em drogas. Mas quem quer que tenha a coragem de olhar para dentro de si mesmo vai encontrar mais de um comportamento reconhecidamente prejudicial do qual não consegue se libertar porque este, apesar de tudo, proporciona algum prazer imediato. Não é fácil fazer um regime para emagrecer ou romper uma relação amorosa nefasta. Mesmo um adulto amadurecido e equilibrado não consegue seguir à risca essas decisões. Cada um de nós tem alguma forma de comportamento que sabe que precisa romper, mas não consegue.

Portanto, qualquer ser humano possui os pré-requisitos para desenvolver dependência química ou psicológica. Entrar ou não nessa fria depende de numerosos fatores, a maioria dos quais não está sob nosso controle. Reconhecer a própria fragilidade, saber-se tão vulnerável quanto qualquer outra pessoa, é o primeiro passo para se defender dos perigos desta vida que, como já dizia o poeta Vinícius de Moraes, são demais.

Meu filho usa drogas?

Não seria possível – nem desejável – fazer uma lista dos sinais e sintomas indicativos de que uma pessoa usa drogas. Uma lista desse tipo só serviria para criar desconfiança nos pais e paranoia nos filhos, como se estes estivessem continuamente sob suspeita: ao menor sinal duvidoso, o pai/policial entraria em ação, prendendo na casa/prisão o filho/criminoso.

Outro fator que dificulta a elaboração dessa lista é que os diferentes tipos de droga não provocam em seus usuários manifestações únicas, constantes. A agressividade e a extroversão produzidas pelos voláteis, como a cola de aeromodelismo ou a benzina, duram pouco tempo; logo depois aparecem sonolência e depressão. A maconha produz, de imediato, sensação de relaxamento, mas depois provoca sede e fome (especificamente de doces, a mencionada larica). A cocaína provoca sensações de poder e euforia que podem levar o usuário a passar noites seguidas sem dormir; mas depois ele pode entrar num surto depressivo e ficar fechado no quarto por dias seguidos.

Entretanto, existem algumas mudanças que podem ser reconhecidas no comportamento de usuários de drogas. Não servem para diagnóstico, pois muitas alterações são genéricas e fazem parte do repertório de todos nós, por motivos que nada têm a ver com a ingestão de substâncias químicas. Na maioria das vezes, a química da vida é suficiente para explicá-las. Mas a associação de várias dessas mudanças costuma sinalizar encrenca.

Mudanças no grupo de amigos

Nosso círculo de amigos reflete, em cada momento da vida, nosso foco de interesse: os colegas de escola não são necessariamente os parceiros de cinema de um casal de namorados, mesmo que todos frequentem a mesma escola; casais que têm filhos pequenos tendem a fazer programas juntos.

A experiência com a droga costuma alterar a dinâmica das amizades, fazendo com que os adolescentes se afastem dos amigos antigos para participar de novos grupos, em geral mais distantes e misteriosos, que eles não têm interesse em trazer para dentro de casa nem apresentar à família.

Mudanças na relação com o dinheiro

Dinheiro demais ou de menos pode ser indício de envolvimento com drogas. Muitas delas são caras, e o crédito para o consumidor costuma ser suspenso rapidamente. Então, é comum que o adolescente se desfaça dos próprios pertences, que começam a sumir misteriosamente. Logo depois, começam a desaparecer objetos da casa, joias, dinheiro.

Depois, a situação pode se inverter: magicamente começam a aparecer roupas novas e objetos caros, sem explicações plausíveis sobre sua origem.

Mudanças de hábitos

Em geral, o envolvimento com drogas provoca mudanças

na rotina de vida. Quem era caseiro, introvertido, começa a ter intensos e variados programas sociais, com longas noitadas fora de casa, fins de semana longe da família, viagens repentinas e inexplicáveis. Pode chegar em casa levemente alcoolizado, já que isso é um bom disfarce para eventuais alterações do comportamento, que são atribuídas ao efeito do álcool. E os pais costumam ser mais tolerantes com relação ao álcool do que às outras drogas.

Mudanças com relação ao trabalho e ao estudo

O interesse pelos estudos ou pelo trabalho depende de muitos fatores. Uma escola chata ou um trabalho rotineiro não preenchem a vida de ninguém. Não é preciso estar sob o efeito de uma aventura química para perder o interesse por uma vida sem cor nem tempero.

No entanto, uma repentina mudança de atitude pode ser sintomática. Mas não dá para discriminar se é sinal de que a pessoa está apelando para as drogas ou se, ao contrário, ela teve um ataque de lucidez e se prepara para fazer importantes alterações de rota em direção a uma vida mais plena.

Mas cuidado!

Nenhuma dessas mudanças é, em si, conclusiva nem definitiva. Cada um desses itens pode ter mais de uma explicação, todas plausíveis. A ausência de todos esses sinais, por outro lado, também não é garantia de nada: o envolvimento com drogas pode acontecer por outros caminhos, com outros enredos.

Se sua filha está com a atenção dispersa, vive distraída, não tem mais interesse em encontrar as amigas de sempre, passa horas de olho parado, mirando a ponta dos próprios sapatos, pode ser que ela esteja sob o efeito de alguma droga. Mas também pode ser que ela esteja vivendo sua primeira paixão, sem saber muito bem como nomear essas sensações estranhas. Se houver uma relação de intimidade e confiança com os pais, em algum momento vai aparecer o verdadeiro causador das mudanças. Se a relação com os pais for de estranhamento e distância, um interrogatório para saber com que droga a menina está metida só aumentará a distância e o estranhamento.

O garoto que passou a chegar em casa mais tarde, fungando, com os olhos vermelhos e as bochechas coradas, pode estar usando alguma droga. Mas pode, também, estar treinando para uma competição de natação, sobre a qual prefere não falar para que a ansiedade dos pais pelo sucesso na prova não se transforme em uma pressão a mais sobre os treinos.

Por alguma obscura razão, o adolescente parece estar permanentemente sob suspeita. Nem sempre a explicação para uma mudança de atitude está na transgressão. Muitas vezes sinaliza apenas a descoberta recente da necessidade de preservar a própria intimidade.

De qualquer maneira, essa lista pode servir de pretexto para um bom papo, entre pais e filhos, entre irmãos, entre amigos. Será mesmo preciso pedir mais? E será possível oferecer mais? A vida não dá garantia de nada. Viver é correr riscos.

· · ·

– Era isso? Gostou?

– Mais ou menos. Ainda tenho medo de que, apesar de tudo o que você disse, os pais usem o que você escreveu para virar cães farejadores.

– *Contra isso não tenho remédio. Alguns pais tendem a se comportar como cães farejadores e terão esse comportamento independentemente do que eu escreva. Mas há os que não são assim e podem fazer bom uso do que está aqui.*

– *Tenho medo de que os pais inventem de conversar com os filhos a qualquer preço, dessas conversas de mentira, que não levam a nada. Você devia dizer que, se houver intimidade de verdade, as pessoas se safam, mesmo que se metam em algumas encrencas. É bom os pais saberem que não é uma tragédia grega encontrar um cigarro de maconha dentro da gaveta do filho. A gente tem de aprender a conviver com as encrencas, já que elas são inevitáveis.*

– *Nem todas! Não acho que todo mundo tem de passar por todos os problemas. De alguns a gente até consegue escapar.*

– *A propósito: já que você está atendendo a pedidos, eu queria fazer mais um.*

– *É para escrever outro capítulo para os pais?*

– *Não, ao contrário. E pra moçada mesmo. Eu queria que você escrevesse um capítulo bem claro, bem resumido, contando direitinho o que fazer numa emergência de overdose.*

– *Mas eu já falei sobre isso em cada um dos capítulos, para cada uma das drogas...*

– *Eu sei, mas queria um capítulo à parte, fácil de ler e de consultar num momento de aflição, quando todo mundo está atrapalhado e tudo fica mais difícil de achar e de entender.*

– *Não sei, não. Numa hora dessas não se deve perder tempo consultando livros. Tem mais é que chamar o médico no ato, ou sair correndo para o pronto-socorro. É por isso que eu acho bobagem os livros sobre saúde fazerem aquelas listas detalhadíssimas para ensinar o aluno a discriminar entre cobras venenosas e não venenosas. Imagine se tem cabimento uma criança, ao ver uma cobra, chegar perto para especular se as fossas nasais do bicho são assim ou assado, se os olhos são redondos ou quadrados. Numa dessas é que acontece uma tragédia mesmo. Ao ver uma cobra, a criança tem de sair correndo. E fim de papo.*

– Mas correr é exatamente o que todos fazem numa emergência de overdose. Sai todo mundo correndo, deixando o infeliz lá, sozinho e na pior, como se ele fosse uma cobra venenosa. Você podia ao menos dizer como diminuir o pânico e ensinar o que fazer enquanto não chega ajuda médica. Quem sabe você consegue até evitar alguma tragédia? Sei lá, a gente nunca sabe o que pode acontecer...

Com essa, me rendo. A gente nunca sabe.

24. SOCORRO!!!

NUM GRUPO QUE ESTÁ sob o efeito de drogas, o pânico se instala facilmente quando surgem sinais de que algo não vai bem com alguém da roda. Diante da possibilidade de uma má viagem ou de uma overdose com risco de vida, todos tendem a fugir da situação o mais rápido possível, deixando o amigo abandonado a seu próprio destino.

Essa reação pode ser fatal para todos.

O desfecho mais dramático será a morte para um e uma vida marcada pela tragédia para os outros. Mas as demais possibilidades, ainda que menos definitivas e irreversíveis, também não são fáceis de carregar pelo resto da vida. Quem se viu assim abandonado por um grupo de amigos dificilmente vai voltar a confiar nos outros; e aqueles que fugiram, que sabem que abandonaram alguém em um momento difícil, terão de conviver com a vergonha e o remorso de terem sido covardes diante do perigo.

Tudo isso é humano e compreensível. Até previsível. Afinal, ninguém é obrigado a ser herói nem pode ser condenado por ter fraquezas e vacilos que são apenas humanos, parte da bagagem que nos caracteriza, a todos, como falíveis e mortais.

Nem por isso a experiência é menos traumatizante para quem passa por ela em qualquer dos papéis do enredo. Os parentes e amigos que não participaram do episódio podem ser generosos e compreender o que aconteceu. Podem até perdoar as falhas dos envolvidos no drama. Mas ninguém vai esquecer o ocorrido, ninguém vai conseguir passar uma borracha e apagar o que houve.

E é inegável que muitas mortes trágicas poderiam ter sido evitadas se os envolvidos, em vez de sucumbir ao pânico, prestassem um socorro rápido a quem está em perigo.

Como socorrer um amigo

Embora na maioria dos casos o mais importante seja não perder tempo e procurar imediatamente ajuda médica, algumas medidas gerais, válidas para todas as drogas, podem ser tomadas enquanto o médico não chega ou quando se está a caminho do pronto-socorro.

1. Não abandone

Se a pessoa está se sentindo mal, convencida de que está enlouquecendo, procure acalmá-la. Fale em voz baixa – mas firme – que o mal-estar vai passar, que tudo vai terminar bem.

Procure deixar o ambiente tranquilo: luzes pouco intensas, pouco ruído, pouco movimento. Sobretudo, é importante que alguém assuma o comando da situação, para que não haja um excesso de palpites, ainda que bem-intencionados.

2. Não faça pouco-caso do medo

Quando uma criança acorda agitada e assustada no meio da noite, com medo do escuro, não adianta acender as luzes e mostrar que não há nada atrás das cortinas. A criança, no fundo, sabe que o bicho não está lá, que está dentro dela e que vai voltar a atacá-la assim que o adulto for embora. O melhor que se pode fazer para realmente acalmar uma criança assustada é abraçar criança e medo, mostrando que a gente não se intimida diante do medo que ela sente, que o adulto é maior e mais forte do que o medo da criança, por maior que este seja.

Numa situação de overdose é assim que a pessoa fica: como uma criança apavorada, com medo de seus bichos internos e de seus fantasmas de morte. À mercê de suas culpas, de seus remorsos.

Não faz sentido dizer ao amigo numa má viagem que é tudo bobagem, que não é nada. Ele está sentindo alguma coisa, e essa coisa não é nada agradável. O que se pode fazer é dizer que a gente sabe que é ruim, mas garantir que vai passar. E abraçar o amigo, com afeto e confiança.

Como abandonar um amigo se cada um de nós sabe que é habitado por esses mesmos personagens, malignos e assustadores?

3. Faça uma "operação esparadrapo"

Grude-se ao amigo. Fique o tempo todo ao lado dele, para evitar que faça bobagens, como pular de uma janela ou ferir-se. Não o deixe sozinho para nada, nem para ir ao banheiro.

Lembre-se: basta uma fração de segundo para que uma pessoa perturbada tenha uma atitude tresloucada e fatal.

4. Mantenha-o acordado, mas relaxado

Estimulações como banhos gelados ou cheiros fortes podem deixar a pessoa mais desperta. Mas nada disso interfere no metabolismo da droga, que vai seguir o seu curso natural.

Não é prudente deixar a pessoa adormecer, mas a estimulação deve ser delicada e tranquila, para não provocar agitação. Falar baixinho com ela, fazê-la caminhar um pouco ou fazer-lhe uma massagem suave são as medidas mais indicadas. O objetivo é impedir que ela adormeça, mas dentro de um clima de relaxamento, não de tensão.

5. Esqueça experiências anteriores

Não se baseie em lembranças de experiências anteriores para diminuir a gravidade de uma situação e retardar o socorro. O efeito que uma droga produz pode ser radicalmente diferente de uma pessoa para outra e de uma situação para outra, pois há numerosas variáveis em jogo: a concentração da droga, o estado emocional do usuário, as expectativas do momento.

A cocaína é especialmente perigosa por causa dos aditivos que costumam ser acrescentados a ela e que diminuem sua pureza e, portanto, seu efeito. Alguém que nunca tenha provado cocaína pura pode passar mal e até morrer numa primeira experiência.

Nessas situações, é sempre melhor procurar ajuda imediatamente.

6. Não é o caso de bancar o Super-Homem

Dificilmente alguém é capaz de manter o sangue-frio num

momento desses. Portanto, não se assuste com o seu próprio medo.

Mas, antes de assumir a direção de um carro, leve em conta seu estado emocional. Não se arrisque a provocar um acidente de trânsito e acrescentar ainda mais encrenca a um enredo já carregado. Se tiver alguma dúvida quanto a sua capacidade de dirigir, chame um táxi ou uma ambulância.

7. Não tenha medo da encrenca com a polícia

O médico não é obrigado a comunicar à polícia o atendimento de um caso de overdose. Ao contrário, ele está preso ao compromisso do sigilo imposto pela ética médica. Ao acompanhar alguém nessas condições, você tem o direito de exigir garantia de anonimato – para você e para o paciente.

Se houver um médico na família, ele provavelmente será a melhor opção para essa emergência. A presença de um adulto amigo e competente pode ser suficiente para transformar um quadro caótico e trágico numa encrenca manejável. Além disso, um adulto amigo, confiável, mesmo que não seja médico, pode ser um apoio confortável num momento de tanta aflição. Não hesite em chamar um tio ou padrinho (seu ou do amigo) se achar que os pais não teriam condições psicológicas de ajudá-los. Mas saiba que os pais são surpreendentes. Momentos de crise às vezes transformam em valiosos aliados os pais aparentemente mais caretas e menos confiáveis. Talvez valha a pena arriscar.

25. A MENINA
DOS FÓSFOROS

ERA VÉSPERA DE ANO-NOVO, e a menina (tão pequena, coitadinha!) que vendia fósforos estava com muito frio e com fome. Seu estoque de fósforos coloridos estava intacto, ninguém tinha comprado nada. Ainda por cima, ela tinha perdido seus chinelos na neve e seus pezinhos nus estavam enregelados.

Sabia que não podia voltar para casa, pois tinha certeza de que levaria a maior surra do pai, com quem vivia sozinha desde a morte da mãe. Ele batia nela com frequência e contava com o dinheiro da venda dos fósforos para comprar comida e bebida. Ai da menina se chegasse de mãos vazias!

O frio aumentou e ela decidiu acender um só dos fósforos coloridos, para se aquecer um pouco.

A pequena chama azulada não trouxe apenas um pouco de calor. Na luz bruxuleante do fósforo, seus olhinhos chorosos vislumbraram um fogareiro de ferro, onde a lenha crepitava e esquentava tanto, tanto que ela estendeu os seus pezinhos, para que se aquecessem.

Mas depressa a chama se extinguiu, o fogareiro desapareceu, e a menina viu-se sentada no mesmo lugar, no chão gelado, tendo nas mãos o resto apagado do fósforo. E a noite agora parecia mais escura, mais fria, mais assustadora do que antes, quando ela ainda não tinha visto a luz mágica da pequena chama colorida.

Riscou rapidamente um segundo fósforo. Dessa vez seus olhos se arregalaram diante da visão de uma sala de jantar, com a mesa posta, sobre a qual se exibia uma enorme travessa com um peru assado, rodeado de ameixas, uvas e maçãs.

Apagou-se o fósforo. De novo a menina se viu no frio da noite, enregelada e faminta, encostada a uma parede escura e triste, que agora lhe parecia ainda mais escura, ainda mais triste.

Mais que depressa a menina acendeu um terceiro fósforo. Dessa vez ela se viu diante da figura carinhosa de sua mãezinha, morta havia tanto tempo.

Com medo de que a imagem querida também se desvanecesse no ar, como o fogareiro, como a comida, ela passou a acender apressadamente um fósforo atrás de outro, até queimar todo o pacote. A luz assim produzida tinha uma claridade mais brilhante do que o dia, seu calor parecia mais quente do que o Sol.

A um aceno sorridente de sua mãe, a menina deixou-se conduzir, segurando com suas mãozinhas frias as mãos quentes e macias que a mãezinha lhe estendia. Seguiu-a, em direção às mais brilhantes estrelas do firmamento.

Quando clareou a fria manhã do Ano-Novo, os passantes encontraram a menina sentada no chão, cercada pelos restos de fósforos queimados. Com as faces arroxeadas, ainda com um sorriso nos lábios. Morta de frio.

– Quis aquecer-se, coitadinha! – disse alguém ao passar.

DOCES VENENOS

...

Muitas vezes, a realidade em que a gente vive é tão ruim, feia e triste que dá vontade de escapar dela a qualquer preço.

O problema é que, em geral, as drogas fazem com que as pessoas se esqueçam de que havia uma realidade da qual queriam fugir – e as pessoas passam a acreditar que não foram elas que fugiram, mas a realidade que mudou. Isto é, acreditam que conseguiram provocar alguma mudança no mundo e que resolveram algum problema, quando o que conseguiram foi apenas colocar uma lente para mudar o seu jeito de ver um mundo que continua tão ruim, feio e triste como antes. Só que mais perigoso.

Esse sinal de realidade, essa capacidade de distinguir entre o real e o imaginário – que se perde com a droga –, é um dos mecanismos responsáveis pela sobrevivência humana.

Quando um bebê recém-nascido sente fome, é provável que ele crie, em sua fantasia, visões do seio da mãe, farto de leite. Esse fenômeno ajuda o bebê a tolerar a privação por algum tempo: permite que ele se acalme e não caia no maior desespero enquanto a mãe não vem atendê-lo.

No entanto, se não houvesse algum sinal que identificasse aquela imagem como irreal, se o bebê acreditasse mesmo que estava sendo alimentado por aquele seio fantasma e se sentisse saciado com isso, acabaria por morrer de fome.

Como a Pequena Vendedora de Fósforos.

ÍNDICE REMISSIVO

Acetaminofen 131
Acetilcolina 160
Álcool 40, 46, 51, 64-79, 83, 103, 106, 120, 136, 137, 139, 140, 145, 164, 169, 171, 180
Alucinação 36, 40
Anabolizantes 121
Anestésicos 136, 140, 167, 169
Anfetaminas 40, 46, 96, 115-121, 161,163
Anorexia 121
Ansiolíticos 46, 135, 143
Antidepressivos 46
Antidoping 118,119
Aspirina 48, 131
Atropina 159, 160
Barbitúricos 46, 135-140, 142-144
Benzedrina 117
Benzina 83, 168, 178
Benzodiazepínicos 46, 135, 136, 140, 142-145
Bolinhas 46, 116
Bruxismo 160, 163
Calmantes 46, 135, 136, 141
Chá de lírio 159
Cigarro 27, 53-57, 59-62, 85, 86, 106, 171, 177, 182
Classificação das drogas 42, 44, 46,48
Clorofórmio 140
Cocaína 40, 46, 69, 94-105, 107-109, 111, 112, 117, 119, 130, 156, 175, 178, 187
Codeína 125, 127, 128
Crack 97, 98, 107-113
Datura 159
Delírio 40, 77, 120, 149, 150
Delirium tremens 77
Dependência 49, 50, 55, 56, 68, 69, 84, 87, 90, 94, 95, 98, 102, 108-110, 121, 125-127, 132, 133, 140, 142-144, 158, 165, 177
Ecstasy 157, 160-166
Encefalinas 124
Endorfinas 124, 126
Éter 167

Fumo 54, 59-62, 171
Gaba 143
Haxixe 86, 90
Heroína 50, 51, 77, 112, 119, 125, 126, 132
Ilusão 40, 76, 100, 152, 170, 177
Impulso nervoso 31, 33, 35, 96, 150
Lança-perfume 83, 167, 168
Lidocaína 95, 96, 103
Má viagem 89, 90, 155, 157, 184, 186
Maconha 13, 15-18, 46, 51, 80-93, 98, 103, 112, 113, 145, 163, 177, 178, 182
MDMA 160, 161, 163
Melancolia 88, 94, 120, 135
Mescalina 46, 157, 160
Mirações 158
Morfina 50, 60, 123-126, 130, 161
Narcóticos 46, 110, 123-126, 128-131, 137, 145
Neurônio 35, 90, 96, 129
Neurotransmissores 35, 36, 59, 96, 118, 157, 162
Nicotina 56, 59-61, 86
Opiáceos 46, 124-126, 129, 137, 140
Ópio 124, 126, 127, 130, 131
Procaína 95
Ressaca 73, 74, 77, 139
Santo Daime 157, 158, 165
Sedativos 46
Serotonina 90, 150, 162
Sinapse 35-37, 96, 118, 124, 162
Síndrome de abstinência 49, 50, 51, 60, 61, 77, 120, 126, 139, 145
Solventes 168, 170
Tabaco 53, 58-60, 86
Tolerância 49, 94, 100, 117, 119, 120, 125, 126, 128, 136-138, 140, 144, 162, 163
Tolueno 168
Tranquilizantes 42, 43, 60, 120, 135, 163
Voláteis 46, 83, 169, 178
Xaropes 127-129, 132, 133
Xilocaína 95, 96